Berlin außenrum

ÜBERLANDABENTEUER BRANDENBURG

MICHAEL BUSSMANN
GABRIELE TRÖGER

Michael Müller Verlag

DIE AUTOREN:

+++ GABRIELE TRÖGER +++
+++ MICHAEL BUSSMANN +++
+++ NIX GESCHEITES GELERNT, NUR STUDIERT: SIE (GEB. 1972 IN ARZBERG/OFR.) GERMANISTIK UND TURKOLOGIE. ER (GEB. 1967 IN ESSLINGEN) GERMANISTIK UND POLITOLOGIE +++ REISEBUCHAUTOREN SEIT DEN 1990ERN +++ SCHREIBEN ÜBER DIE TÜRKEI, TSCHECHIEN, MALTA, DIE AZOREN, BERLIN UND BRANDENBURG +++ NACH VIELEN WANDERJAHREN LEBEN SIE HEUTE MITTEN IM BUNTEN KREUZBERG +++ HIERDADORT.DE +++

RAUS AUS DER HEKTIK der Hauptstadt und rein in die Idylle Brandenburgs – das geht schneller, als man denkt. Schon nach einer Stunde mit der Regionalbahn ist die Welt eine andere, ist man allein mit der Natur, erlebt den Charme der Kleinstadt, kann sich an einem Lost Place gruseln oder gnadenlos aktiv sein. Für dieses Buch haben wir Abenteuer zu Luft, zu Land und zu Wasser erlebt. Haben stille Flüsschen durchpaddelt, Whiskey und Wein degustiert, sind in den Tagebau gefahren und mit dem Segelflieger abgehoben, waren mit Alpakas wandern, bei den Kranichen zu Gast und vieles mehr. Unsere schönsten Erlebnisse haben wir aufgeschrieben. Nachmachen ist ausdrücklich erwünscht – also nichts wie raus nach Brandenburg!

Gabriele Tröger und Michael Bussmann,
Berlin außenrum – Überlandabenteuer

ZUR REIHE

WIE NÄHERT MAN SICH EINER ABWECHSLUNGSREICHEN REGION MAL ANDERS?

Es war an der Zeit, eine neue Art von Reiseführern zu erfinden. So brachten wir im September 2019 die erste Staffel der *Stadtabenteuer* heraus. Nach einem halben Jahr haben wir nachgedruckt, und dann kam … ein Virus.
Trotzdem war etwas in der Welt, das uns fast überrollt hat. Wir erhielten eine Auszeichnung für die neue Reihe, beste Pressestimmen von der *Süddeutschen* bis zur *FAZ*, auch Bloggerinnen und Blogger waren von der neuen Idee angetan: der Idee, einen Ort durch Erlebnisse zu erkunden. Ihn »mitzunehmen«, weil man etwas tiefer begriffen und erfahren hat, als das über die reine Besichtigung von Sehenswürdigkeiten möglich ist.
Dabei finden wir nach wie vor wichtig, dass mehr als die Hälfte der Erlebnisse kostenlos oder günstig (12 Euro oder weniger) sind, viele familienfreundlich, und die wichtigsten Sights und Spots – dazu gehören auch Wanderstrecken und Strände – beschrieben werden (»Wenn man schon mal hier ist«). Im Zentrum steht das Erlebnis, die Mentalität, die eine Stadt, eine Region oder eine Insel ausmacht.

Matthias Kröner, Herausgeber und Redaktion
Berit Kröner, grafisches Konzept und Herstellung

VORWORT		2
ANKOMMEN		10
RUMKOMMEN		11

1 NORDWESTEN — 12

KOSTENLOS, FAMILIENFREUNDLICH
ICH SEH DEN STERNENHIMMEL — 16
Sternegucken im Sternenpark Westhavelland

KOSTENLOS, FAMILIENFREUNDLICH
FAHRT INS GRÜN-BLAUE — 20
Auf dem Elberadweg zwischen
Havelberg und Wittenberge

FAMILIENFREUNDLICH
RECHTS, LINKS, KOPF EINZIEHEN! — 24
Paddeltour mit Hindernissen
im Naturschutzgebiet Rhin

GÜNSTIG, FAMILIENFREUNDLICH
BEI DEN VÖGELN DES GLÜCKS — 28
Kranichbeobachtung in Linum

WENN MAN SCHON MAL
IM NORDWESTEN BRANDENBURGS IST — 32
Sehen
Essen
Gucken und Tauchen
Shoppen
Schlafen

2 NORDEN — 40

FAMILIENFREUNDLICH
AUF GLEISEN RADELN — 44
Mit der Fahrraddraisine
von Fürstenberg nach Lychen

KOSTENLOS
WEDER PATTY NOCH PIROUETTE — 48
Unterwegs auf dem Doppelten Boitzenburger

ODE AN DIE ODER — 52
Mit dem E-Bike durch
den Nationalpark Unteres Odertal

GÜNSTIG. FAMILIENFREUNDLICH
DER STOFF,
AUS DEM BERLIN ENTSTAND — 56
Ein Tag im Ziegeleipark Mildenberg

WENN MAN SCHON MAL
IM NORDEN BRANDENBURGS IST — 60
Sehen
Essen
Paddeln und Baden
Shoppen
Schlafen

3 NORDOSTEN — 68

GÜNSTIG. FAMILIENFREUNDLICH
WENN DER FLUSS FAHRSTUHL FÄHRT — 72
Schiffsfahrt durch das Schiffshebewerk Niederfinow

KOSTENLOS
DARK TOURISM IM NATURPARK BARNIM — 76
Radtour zu Relikten untergegangener Diktaturen

WENN MAN SCHON MAL
IM NORDOSTEN BRANDENBURGS IST — 80
Sehen, Essen, Ausspannen, Shoppen, Schlafen

4 OSTEN 88

GÜNSTIG, FAMILIENFREUNDLICH
HOPPE, HOPPE GARTEN 92
Auf der Galopprennbahn in Hoppegarten

GÜNSTIG, FAMILIENFREUNDLICH
KLEINE BAHN UND GROSSER DICHTER 96
Mit der Buckower Kleinbahn
zum Brecht-Weigel-Haus

GÜNSTIG
BEI WOMACKA, RAUCH & CO 100
DDR-Kunst: Führung
durchs Schaudepot Beeskow

HOCHKULTUR IM SCHINKELSCHLOSS 104
Veranstaltungsreigen auf Schloss Neuhardenberg

KOSTENLOS
DDR FÜR ARCHITEKTUR-AFICIONADOS 108
Eisenhüttenstadt: Spaziergang
durch eine sozialistische Planstadt

FAMILIENFREUNDLICH
SCHWANENSEE UND SCHILDKRÖTENSUPPE 112
Müggelspree: Mit dem Kanadier
von Fürstenwalde nach Hangelsberg

**WENN MAN SCHON MAL
IM OSTEN BRANDENBURGS IST** 116
Sehen, Essen,
Kultur und Baden,
Shoppen, Schlafen

5 SÜDOSTEN 124

KOSTENLOS **AUF DER SUCHE NACH DER WÜSTE** 128
Unterwegs in der Lieberoser
und Reicherskreuzer Heide

**ROGGEN-ROLL-WHISKEY
IM STORK CLUB** 132
Führung durch die Spreewood-Destillerie

GÜNSTIG.
FAMILIEN-
FREUNDLICH **SPIEGLEIN, SPIEGLEIN IN DEM WALD** 136
Spreewaldpaddeln rund um Lübbenau

KOHLE, SAND UND BERGMANNSHAND 140
Tour durch den Tagebau Welzow-Süd

GÜNSTIG **DER KOLOSS DER LAUSITZ** 144
Tour über die stillgelegte
Abraumförderbrücke F60

CABERNET IN NEU-SEELAND 148
Wein-Degustationstour durch die Lausitz

**WENN MAN SCHON MAL
IM SÜDOSTEN BRANDENBURGS IST** 152
Sehen
Essen
Ausspannen
Shoppen
Schlafen

6 SÜDEN — 160

FAMILIENFREUNDLICH — **KUSCHEL ROCKT** — 164
Alpaka-Wanderung in Hohenbucko

GÜNSTIG — **MONIS BABY** — 168
Führung durch das stillgelegte
Braunkohlekraftwerk Plessa

**WO DIE SOWJETS
DEN KASATSCHOK TANZTEN** — 172
Fototour Wünsdorf:
von der Verbotenen Stadt zum Lost Place

KOSTENLOS, FAMILIENFREUNDLICH — **ROLLEND DURCHS IDYLL** — 176
Auf Inlinern unterwegs in der Flaeming-Skate

KOSTENLOS — **KUNST IM SCHNEE** — 180
Auf dem Kunstwanderweg
Hoher Fläming im Winter

**WENN MAN SCHON MAL
IM SÜDEN BRANDENBURGS IST** — 184
Sehen
Essen
Sporteln
Shoppen
Schlafen

7 SÜDWESTEN UND WESTEN — 192

KOSTENLOS — **DIE DIETRICH, DIE RÖKK UND DER BOCK** — 196
Spaziergang durch die Villenkolonie Neubabelsberg in Potsdam

GÜNSTIG — **DIE MODULE SPIELEN VERRÜCKT** — 200
Erlebnis Lungenheilanstalt Beelitz-Heilstätten

FAMILIENFREUNDLICH — **AUF DEM MISSISSIPPI BRANDENBURGS** — 204
Rustikaler Overnight-Floßtrip rund um die Insel Potsdam

GAUMENSEX AUF PREUSSISCH — 208
Ein Abend im Sternelokal Kochzimmer in Potsdam

ABJEHOBEN — 212
Mit dem Segelflieger über Brandenburg an der Havel

KOSTENLOS. FAMILIENFREUNDLICH — **BUFFALO DÖBERITZ** — 216
Streifzug durch die Döberitzer Heide

WENN MAN SCHON MAL IM SÜDWESTEN UND WESTEN BRANDENBURGS IST — 220
Sehen, Essen, Ausspannen, Shoppen, Schlafen

8 RUND UMS JAHR IN BRANDENBURG — 128

Frühling
Sommer
Herbst
Winter

ANKOMMEN

+++ Raus aus dem Stadtstaat, rein ins Bundesland: Rund um Berlin gibt's nur Brandenburg, sonst nichts +++ Brandenburg ist das fünftgrößte Bundesland (knapp 3 Millionen Hektar) und dünn besiedelt (2,5 Millionen Menschen). Leerer ist nur Mecklenburg-Vorpommern +++ Brandenburg hat viel Wald (37 Prozent der Fläche, 320 Bäume je Einwohner), viel Ackerland (50 Prozent) und viel Wasser (3.000 Seen) +++ Brandenburg ist flach wie ein Billardtisch: Die höchste Erhebung ist der Kutschenberg in der Lausitz (200,7 Meter) +++ Brandenburg ist tierisch gut: Neben den üblichen Wilden gibt es wieder Wölfe, Elche und Luchse +++ Brandenburg weist 11 Naturparks, drei Biosphärenreservate und einen Nationalpark auf +++ Die Hauptstadt Brandenburgs ist Potsdam (182.000 Einwohner) +++

DAS KANN JA HEITER WERDEN:

Heiß, heißer, Brandenburg. 2021 wurden in keinem Bundesland mehr Hitzetage (über 30 Grad Celsius) gezählt als in Brandenburg. Sommertage (über 25 Grad Celsius) waren es mancherorts bis zu 62. Für die Monate Juni, Juli und August betrug die Durchschnittstemperatur 19,2 Grad Celsius (Bundesdurchschnitt: 17,9). Mangels Regen ist Brandenburg zudem das Bundesland mit der höchsten Waldbrandgefahr. Daher herrscht ganzjährig ein Grill- und Rauchverbot im Wald.

RUMKOMMEN

WIE VIEL ZEIT EINPLANEN? Die vorgestellten Erlebnisse lassen sich größtenteils im Rahmen eines Tagesausflugs von Berlin aus unternehmen. Wer mehr Zeit hat, hängt ein paar Tage dran und tuckert, radelt oder wandert noch ein wenig durch die Gegend – es lohnt sich!

BESSER VORBUCHEN: Nicht nur für viele Abenteuer ist eine rechtzeitige Buchung ratsam. Auch wer länger bleiben und übernachten will, bucht besser vor. Brandenburg ist schwer angesagt, vor allem an Wochenenden mit Sonnenscheingarantie – und erst recht während der Berliner Sommerferien.

DIE SACHE MIT DEM ESSEN: In der Gastronomie ticken die Uhren anders. Googeln Sie nicht nur die Bewertungen eines Restaurants (fünf Sterne sind übrigens nicht unbedingt ein Kriterium für gutes Essen, sondern mitunter für große Portionen ...), googeln Sie vor allem auch die Küchenzeiten, um böse Überraschungen zu vermeiden. Manche Lokale in Brandenburg öffnen nur zwei oder drei Tage die Woche, manche nur mittags, bei anderen ist um 19 Uhr Küchenschluss.

JEMÜTLICH UNTERWEGS: In der Idylle Brandenburgs ist man oft deutlich länger unterwegs, als das Navigationssystem angibt. Die Sträßchen können schmal und holprig sein. Manchmal führt der kürzeste Weg über Pflasterstraßen, DDR-Plattenwege oder gar geschotterte Fahrwege.

»ES SPIEGELN SICH

in deinem Strome / Wahrzeichen, Burgen, Schlösser, Dome.« Der gute Theodor Fontane hat das Havelland nordwestlich von Berlin literarisch verewigt wie kein anderer. Viel Idylle, wenig Menschen – ein Paradies für ruhige Naturen also. Noch weiter im Westen kommt in der Prignitz die schön-nasse Elbe mit ins Spiel. Die alte Kulturlandschaft ist heute eher strukturschwach. Vom früheren Reichtum der Region zeugen jedoch noch stolze Städte wie die Hansestadt Havelberg.

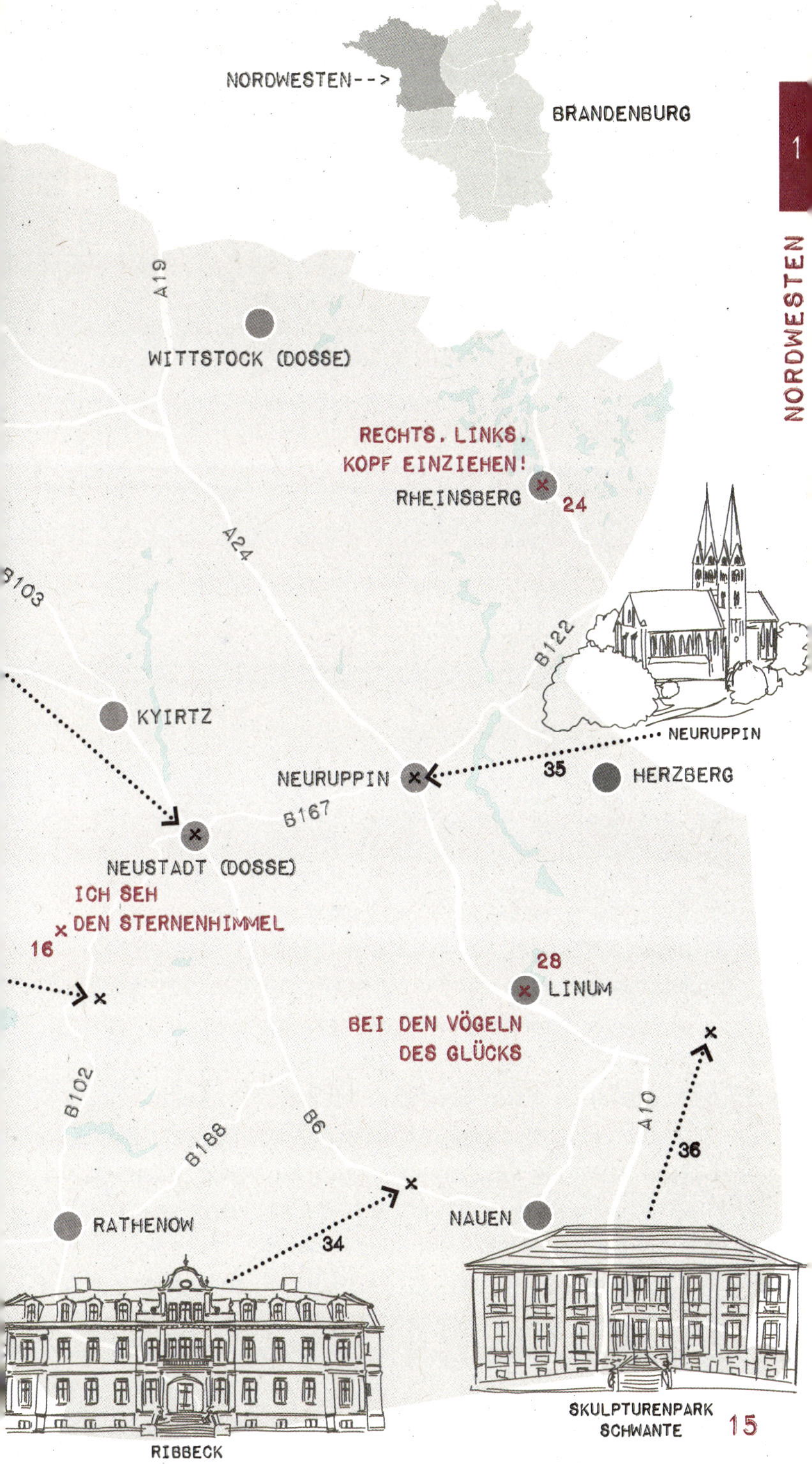

NORDWESTEN

NORDWESTEN -->

BRANDENBURG

A19

WITTSTOCK (DOSSE)

RECHTS, LINKS, KOPF EINZIEHEN!
RHEINSBERG 24

B103

A24

B122

KYRITZ

NEURUPPIN 35 HERZBERG

B167

NEUSTADT (DOSSE)

ICH SEH DEN STERNENHIMMEL
16

LINUM 28

BEI DEN VÖGELN DES GLÜCKS

B102

B188 B6

A10

RATHENOW

34 NAUEN 36

RIBBECK

SKULPTURENPARK SCHWANTE 15

ICH SEH DEN STERNENHIMMEL

STERNEGUCKEN IM STERNENPARK WESTHAVELLAND

NORDWESTEN-->
● NEUSTADT (DOSSE)
×
● RATHENOW

+ + + **STECKBRIEF** + + +
WO? 60 BIS 80 KILOMETER WESTLICH VON BERLIN +++ VON BERLIN HBF. MIT DER RE4 BIS NENNENHAUSEN (DAUER 50 MINUTEN. NAHEBEI EIN BEOBACHTUNGSPLATZ) ODER BIS RATHENOW UND VON DORT MIT DEM FAHRRAD IN DIE KERNZONE (S. U.) +++ **WANN?** DIE LANGEN TAGE ZWISCHEN MITTE MAI UND MITTE JULI SIND WENIGER GEEIGNET; EINEN PERFEKTEN NACHTSCHWARZEN HIMMEL MIT HOCHGEDIMMTEN STERNEN ERLEBT MAN IN MONDARMEN NÄCHTEN ETWA EINEINHALB STUNDEN NACH SONNENUNTERGANG +++ STERNENPARK-WESTHAVELLAND.DE. WESTHAVELLAND-NATURPARK.DE +++ **WIE LANGE?** SO LANGE MAN WILL +++ **WIE VIEL?** KOSTENLOS. DER NATURPARK IST FREI ZUGÄNGLICH +++

KOSTENLOS, FAMILIENFREUNDLICH

MANCHE SACHEN GIBT ES NUR IM MÄRCHEN.
Oder in Zeichentrickfilmen von Walt Disney. Und in Gülpe/Brandenburg. Über uns funkeln die Sterne. Vor uns auch. Dort spiegelt sich das Firmament im Wasser. Und wenn man einen Stein ins Nass plumpsen lässt, fangen die glitzernden Sterne auf den sich ausbreitenden Wogen zu tanzen an. Eine magische Nacht, wahrlich wie im Märchen. Hier in Gülpe, inmitten des Naturparks Westhavelland. Wir sind an einem der dunkelsten Orte Deutschlands. Lichtverschmutzung durch künstliche Lichtquellen existiert hier kaum. 2014 wurde die Region von der International Dark Sky Association daher zum ersten deutschen Sternenpark gekürt. Der Park ist etwa halb so groß wie das Saarland. Die Kernzone, das allerdunkelste Eck, liegt zwischen den Orten Parey, Kriele, Dreetz und Joachimshof.

ERSTER PARTYGAST WAR JUPITER. Als er im Süden auftauchte, brannte im Westen noch Licht am Horizont. Jetzt ist der Himmel so schwarz wie das Herz des Teufels. Jetzt steht Jupiter in trauter Eintracht bei Saturn, jetzt sind die zwei die leuchtenden Stars. Am Nordhimmel dominiert der Große Wagen und sein kleiner Bruder, dessen Deichselspitze der Polarstern bildet. Wir sehen Kassiopeia emporsteigen. Wir sehen Satelliten ihre Bahnen ziehen. Wir sehen Perseiden aufblitzen, Sterne schnuppen – die Wünsche eines ganzen Jahres könnte man für diese Nacht aufheben. Und wir sehen die Milchstraße. Die Galaxis aus Hunderten Milliarden Sternen hellt den Himmel auf und verwandelt ihn in ein dramatisches Gemälde.

Wir sehen Atair und Adler. Deneb im Schwan und Wega in der Leier. Das alles sehen wir, weil es unsere Sternenapp *SkyView* verrät. Ohne sie könnten wir kein Raumschiff fliegen, wären verloren im Universum. Sie ist das Sternchen auf dem i dieses kleinen Abenteuers, das wir nur eine Fahrstunde von Berlin entfernt erleben. In einer weltraumschwarzen Nacht seine eigene Bedeutungslosigkeit zu erkennen, das ist schon eine Nummer.

WAS NEBEN DER STERNENAPP sonst noch ins Gepäck sollte: eine Stirnlampe. Eine Picknickdecke. Ein dicker Pulli. Moskitospray. Ein Stativ für gute Fotos. Und ein Fläschchen Wein, getrunken am besten aus handfesten Campingbechern, die beim Umwerfen in der Dunkelheit nicht kaputtgehen. Dafür extra Licht anzuknipsen, ist keine gute Idee. Die Augen brauchen eine Weile, um sich danach wieder an die Dunkelheit zu gewöhnen.

Die Stirnlampe benötigt man, um auf den Wegen zu den Beobachtungsplätzen nicht vor den Karnickeln zu erschrecken, die durchs nachtschwarze Dorf hopsen. Denn rund um den angeleuchteten Kirchturm von Gülpe herrscht Finsternis, dringt nur das blaue Flimmern der Fernseher hinter den Gardinen nach draußen. Als Laie muss man übrigens nicht die ausgewiesenen Beobachtungsplätze ansteuern. Die Sterne mehr, die man dort sieht, fallen nicht ins Gewicht. In der menschenleeren Gegend findet man überall hübsche Örtchen zum Gucken. Und tagsüber zum Entspannen: zwischen Auen und Stromtalwiesen. Erlen- und Birkenwäldern. Sümpfen und Mooren.

WENN MAN SCHON MAL **HIER** IST:

15 Kilometer südöstlich von Gülpe erstreckt sich der **Hohennauener See**, um den ein 23 Kilometer langer Wanderweg führt. Dieser passiert u. a. den tollen Sandstrand von Hohennauen (daneben das idyllische Fischrestaurant **Strandgut**). Etwas weiter macht es sich ein Dorf mit dem netten Namen **Wassersuppe** gemütlich. Wassersuppe bietet hinter seiner Badestelle ☐→ einen Wasserwanderrastplatz mit Grillmöglichkeit und einen kleinen Wohnmobilstellplatz samt Sanitärgebäude.

FAHRT INS GRÜN-BLAUE

AUF DEM ELBERADWEG ZWISCHEN HAVELBERG UND WITTENBERGE

HAVELBERG ×

NORDWESTEN-->

+ + + **STECKBRIEF** + + +
WO? START IN HAVELBERG. ENDE IN WITTENBERGE +++ DIE RE2 FÄHRT VON BERLIN HBF. ÜBER GLÖWEN (DAUER 75 MINUTEN) NACH WITTENBERGE (90 MINUTEN). VON GLÖWEN FÜHRT EIN 8 KILOMETER LANGER RADWEG PARALLEL ZUR B107 NACH HAVELBERG +++ **WANN?** IMMER. WER STÖRCHE SEHEN WILL, SOLLTE AM BESTEN ZWISCHEN MAI UND JULI RADELN +++ ELBERADWEG.DE/ABSCHNITT/G +++ **WIE LANGE?** MIT DER BESICHTIGUNG VON HAVELBERG UND WITTENBERGE WIRD AUS DER RADELTOUR EIN GANZTÄGIGES ABENTEUER +++ **WIE VIEL?** KOSTENLOS +++

KOSTENLOS. FAMILIENFREUNDLICH

HAVELBERG IST KLEIN UND ROT.

Backstein statt Feldstein. Das bilderbuchartige Altstädtchen kuschelt sich auf einer Havelinsel zusammen wie ein müder Hund in seinem Körbchen. Darüber thront der Dom St. Marien, ein Klinkerwunder aus dem 12. Jahrhundert. Nicht von schlechten Eltern, die alte Hansestadt nahe dem Zusammenfluss von Havel und Elbe. Hier beginnt unsere Tour, die weitestgehend eben sein wird. Das ist der Vorteil von Flussradtouren. Knapp 40 Kilometer liegen vor uns. Durch das UNESCO-Biosphärenreservat Flusslandschaft Elbe wollen wir nach Wittenberge fahren. Das Gebiet gehört zu den letzten naturnahen Stromlandschaften Mitteleuropas. Kultur und Natur an den Ufern der Elbe sind die Mischung, auf die wir uns freuen. Unsere Laune ist bombig.

EIN WETTER WIE BESTELLT: Federwölkchen tanzen am Himmel bei unserem Start ins Grün-Blaue. Um uns herum satte Wiesen und Weiden. Augustwind föhnt uns die Köpfe. Rechter Hand begleitet uns die träge dahinfließende Havel, linker Hand die träge dahinfließende Elbe. Wir radeln also zunächst auf einem beidseitig von Flüssen umarmten Landstrich. Dann geht es weiter durchs schöne Elbdeichvorland, mit der Elbe zur Linken und einem Kanal zur Rechten. Kurz vor Rühstädt hat die Elbe schließlich alle Wasser der Havel geschluckt. Der Strom legt nun zu, nicht im Tempo, nur an der Hüfte.

Rühstädt (siehe rechts unten) ist als Storchendorf bekannt. Und schau an: Drei Adebars fliegen über uns hinweg, wie nur für uns inszeniert. Was für ein Glück! Immerhin ist es schon Ende August, und die meisten Störche sind bereits auf dem Weg zu ihren Überwinterungsquartieren in Afrika oder der Türkei. Wir drehen eine Runde durch den Ort, halten vorm Schloss und folgen dann wieder der Elbe, die nun weite Bögen zieht. Auf den Deichen stehen Schafe und halten das Gras kurz. In den Auen sehen wir Rehe springen – um Bäume, wie Solitäre platziert, als hätte jemand einen Landschaftspark angelegt.

»ALS OB KUNST NICHT AUCH NATUR WÄRE

und Natur Kunst«, wusste schon Christian Morgenstern. Und was ist diese Flussauenlandschaft doch für ein optischer Leckerbissen, einem Kunstwerk gleich in den Farben Grasgrün und Indigoblau. In dem nur die Vögel die Ufer mit Leichtigkeit wechseln können. Rund 200 Vogelarten soll es hier geben – ein wahres Vogelfreibad ist das! Schließlich kündigt sich Wittenberge durch seinen SINGER-Uhrenturm an, den größten Uhrenturm auf dem europäischen Festland. Dieses Wahrzeichen der Stadt war mal ein Wasserturm. Er stammt aus den 1920er-Jahren und diente zur Wasserversorgung der Nähmaschinenfabrik. Mit deren Schließung halbierte sich die Einwohnerzahl Wittenberges fast. Den Bevölkerungsschwund merkt man in der Altstadt – es ist still hier. Und man merkt ihn am Bahnhof, einem klassizistischen Palast, groß wie ein Schloss. Er gleicht heute einem Lost Place. Daneben wartet ein Eisenbahnmuseum auf Besucher. Der Lokschuppen ist groß und rot.

WENN MAN SCHON MAL **HIER** IST:

Das niedliche, von der Elbe zurückversetzt gelegene Storchendorf **Rühstädt** □→ lohnt eine längere Pause. Im Sommer haben hier etwa 20 Storchenpaare mit ihren Küken ein Nest. Wissenswertes darüber vermittelt das **NABU-Besucherzentrum** vor Ort, das auch Storchentouren anbietet (besucherzentrum-ruehstaedt.de). Gesunde Snacks und Dinkelkuchen gibt es im **Hofcafé Zur Alten Mühle**, einem liebevoll gestylten Gartencafé (hofcafe-bistro-rühstädt.de).

RECHTS, LINKS, KOPF EINZIEHEN!

PADDELTOUR MIT HINDERNISSEN IM NATURSCHUTZGEBIET RHIN

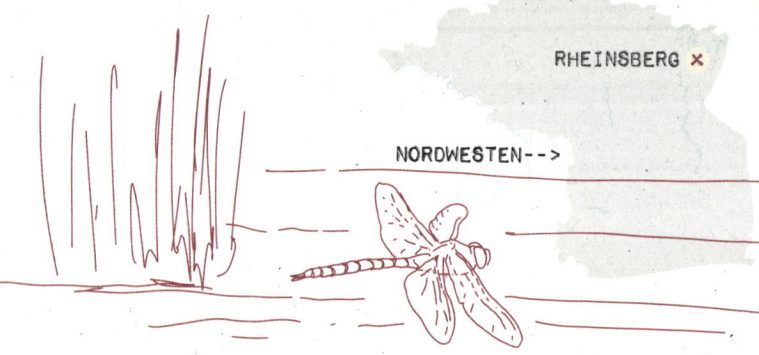

+ + + S T E C K B R I E F + + +
WO? START IN RHEINSBERG. ENDE IN ZIPPELSFÖRDE: DIE KANUVERLEIHER ORGANISIEREN DEN RÜCKTRANSPORT +++ VON BERLIN-GESUNDBRUNNEN MIT DER RB54 NACH RHEINSBERG (DAUER CA. 75 MINUTEN). VON DORT NOCH CA. 1-2 KILOMETER ZU FUSS (JE NACH STANDORT DES ANBIETERS) +++ WANN? TOUREN SIND AUS NATURSCHUTZGRÜNDEN NUR VON 15. JUNI BIS 31. OKTOBER MÖGLICH: IN MANCHEN JAHREN IST DER WASSERSTAND JEDOCH BEREITS ENDE AUGUST ZU NIEDRIG +++ BERGERTOURS.DE, RHEINSBERGER-ADVENTURE-TOURS.DE, RHINPADDEL.DE +++ WIE LANGE? JE NACH WASSERSTAND UND ANZAHL DER QUERLIEGENDEN BAUMSTÄMME 4,5-7 STD. (16 KILOMETER): MAN KANN DIE TOUR ABER AUCH AUF ETWA HALBER STRECKE BEI RHEINSHAGEN BEENDEN +++ WIE VIEL? ZWEIER-KAJAK 50 EURO INKL. RÜCKTRANSFER +++

FAMILIENFREUNDLICH

WIR SIND BEI DER NATUR ZU GAST.

Gleiten durch sie hindurch. Über uns wiegen sich Baumkronen im Wind. Ein Blättermeer, durch das die Sonne blitzt. Dann öffnet sich eine Lichtung. Aus den Hochstaudenfluren steigen Prachtlibellen mit kobaltblauen Flügeln auf und begleiten uns ein paar Meter. Gelbe Schwertlilien spiegeln sich im Wasser.

Hinter der nächsten Kehre verengt sich der Fluss auf eine halbe Bootslänge. Wir müssen die Köpfe einziehen, weil ein umgestürzter Baumstamm quer liegt. Totholz und mächtige Wurzeln tun sich nun am Ufer auf – als würden hier Mangroven wachsen. Aber es sind vorrangig Erlen- und Eschenwälder, die das Naturschutzgebiet des Rheinsberger Rhins prägen, einen der letzten naturbelassenen Flussläufe Brandenburgs. Bei ausreichend Wasserstand darf man darauf während einiger Monate im Jahr unterwegs sein.

UNSER ERDBEERROTES KAJAK ist ein Farbtupfer in dieser bukolischen Landschaft. Nur Einer- und Zweier-Kajaks sind übrigens auf dem Rhin erlaubt. Farbe egal. Kajaks sind okay, weil Doppelpaddel zum Einsatz kommen. Kanadier, die mit Stechpaddel fortbewegt werden und so den Gewässerboden aufwühlen, sind verboten. Allzu viel paddeln, um voranzukommen, muss man auf der Tour aber eigentlich nicht. Da der Rhin unbegradigt ist, gleicht er an manchen Stellen ein wenig einem Wildwasserbach. 16 Meter Gefälle hat das Flüsschen auf der 16 Kilometer langen Strecke. Das sorgt für eine hohe Fließgeschwindigkeit. Der Fluss trägt einen dahin, laut unserem Verleiher mit etwa sechs Kilometer pro Stunde. Das wäre an sich ein geschmeidiges Abenteuer, hätte der Rhin nicht auch seine Tücken, seine Hürden und Hindernisse. Engstellen, wo die Strömung einen in die Böschung treibt. Biegungen, in denen man auf Sandbänken aufsetzt. Niederhängende Äste, die einem die Sonnenbrille vom Kopf reißen. Und viele quer liegende Bäume. Paddeln muss man vor allem, um zu steuern, um die Kurven zu kriegen und in der Rinne zu bleiben. Und wer nicht gut im Paddeln ist, muss doppelt so viel paddeln.

DREIMAL VERLASSEN WIR DAS BOOT.

Beim ersten Mal ist's freiwillig: Picknick am Rastplatz bei Zechow. Beim zweiten Mal müssen wir das Kajak bei Rheinshagen umtragen. Sprich: aus dem Wasser nehmen, zur Rhinbrücke hochtragen und auf der anderen Seite wieder zu Wasser lassen. Beim dritten Mal liegt ein Baumstamm so knapp über dem Flüsschen, dass nur das Kanu ohne uns hindurchpasst. Aus dem Kanu zu kommen und wieder einzusteigen, ist die größte Schwierigkeit bei dieser Tour. Vor allem dann, wenn kein Anlegesteg parallel zum Boot das wackelige Unterfangen erleichtert. Vor zehn Jahren hatten wir die Tour schon einmal gemacht. Damals waren wir deutlich schneller unterwegs. Damals war Brandenburg noch feuchter, da hatten wir mehr Wasser unter dem Kiel, saßen seltener auf. Gerade aber gleiten wir wieder dahin, wie es schöner kaum sein kann. Und der mäandernde Fluss unter uns leuchtet zuweilen so, als wäre darin eine künstliche Lichtanlage installiert. Die nur für uns leuchtet, für die Gäste der Natur.

WENN MAN SCHON MAL **HIER** IST:

Für die schmucke Kleinstadt **Rheinsberg** (rheinsberg.de) sollte man sich ein wenig Zeit nehmen. Vor allem für das **Schloss samt Park** ☐→ in Traumlage am Grienericksee. Hier residierte ab 1736 Kronprinz Friedrich, der spätere Friedrich II. bzw. Alte Fritz. Im Schloss befindet sich zudem das **Tucholsky-Literaturmuseum.** Kurt Tucholsky verewigte Rheinsberg 1912 in seiner Erzählung *Rheinsberg. Ein Bilderbuch für Verliebte.* Auch in ihr wird übrigens gepaddelt ...

BEI DEN VÖGELN DES GLÜCKS

KRANICHBEOBACHTUNG IN LINUM

NORDWESTEN-->

LINUM ×

+ + + S T E C K B R I E F + + +
WO? START DER TOUREN IM NATURSCHUTZZENTRUM STORCHENSCHMIEDE LINUM, NAUENER STR. 54, 16833 LINUM +++ VON BERLIN GESUNDBRUNNEN MIT DER RE6 BIS KREMMEN UND WEITER MIT BUS 758 BIS LINUM SCHULE (DAUER ETWA 80 MINUTEN) +++ WANN? FÜHRUNGEN FINDEN VON ENDE SEPTEMBER BIS ANFANG NOVEMBER STATT. ANMELDUNG ERFORDERLICH +++ STORCHENSCHMIEDE.ORG +++ WIE LANGE? CA. 2 STUNDEN +++ WIE VIEL? 8 EURO +++

GÜNSTIG, FAMILIENFREUNDLICH

1

NORDWESTEN

WIR HÖREN SIE, BEVOR WIR SIE SEHEN.

Laut trompetend kommen die Kraniche in ihrer charakteristischen Keilformation angeflogen. »Man hört sie über zwei Kilometer hinweg«, sagt unser Guide Robert. Sie kommen von Westen. Wir kneifen die Augen zusammen, geblendet vom Licht der tief stehenden Sonne. »Das ist erst die Vorhut«, so Robert.

Mit ihren lang nach vorne gestreckten Hälsen fliegen die Kraniche über uns hinweg. Es sind mächtige Vögel. Über zwei Meter kann die Flügelspanne betragen. 1.000 Kilometer können sie am Tag fliegen. Etwa 1,30 Meter groß werden die in Europa vorkommenden Graukraniche (lat. Grus grus). Dabei wiegen sie gerade mal 130 Gramm, wenn sie aus dem Ei schlüpfen. Noch keine Stunde sind wir mit Robert unterwegs und haben schon viel über die graue Eminenz mit dem roten Fleck am Hinterkopf erfahren.

ALS »VÖGEL DES GLÜCKS« werden Kraniche gerne bezeichnet. Vor allem in den nördlichen Gefilden, in Polen und Skandinavien, wo sie die Sommer verbringen. Denn mit ihrer Ankunft ist der harte dunkle Winter vorbei, es steigen die Temperaturen. Im Herbst aber, wenn die Tage kürzer werden, machen sich die Vögel des Glücks wieder davon. Das Ziel der Kraniche dann: die iberische Halbinsel, insbesondere die Extremadura. Auf dem Weg dahin legen – je nach Jahr – 70.000 bis 120.000 Kraniche im Prignitzdorf Linum eine zwei- bis dreiwöchige Rast ein. Im Frühjahr dagegen, wenn die Kraniche in die entgegengesetzte Richtung fliegen, fällt die Pause kürzer oder ganz aus. Dann haben's die Kraniche eilig, in ihre Brutgebiete zu kommen. »Die Popularität des Stopovers im Herbst hat seinen Grund«, erzählt uns Robert. Zum einen böten die Flachgewässer des Linumer Teichlands sichere Schlafplätze für die Vögel (die übrigens im Stehen schlafen). Zum anderen gebe es auf den abgeernteten Maisfeldern der Gegend ordentlich Wegzehrung für den Weiterflug. »150 bis 300 Gramm Mais frisst so ein Kranich am Tag«, weiß Robert. Linum ist also eine wichtige »Kranich-Tankstelle«, eine der größten Europas sogar.

DER RUF DER KRANICHE erschallt nun von allen Seiten. Durch den Sonnenuntergangshimmel zieht eine V-Formation nach der anderen. Heimkehr vom Felde. Kranich-Feierabend. Wir schlagen die Mantelkragen hoch und folgen Robert zu den ehemaligen Karpfenteichen nahe dem Dorf – das Niedermoor mit seinen Feuchtwiesen ist heute Naturschutzgebiet, dessen Betreten zur Kranichzeit unter Strafe (500 Euro!) steht. Wir dürfen uns den Vögeln auf wenige Hundert Meter nähern.

Viele andere Kranich-Watcher sind schon da, mit Fernglas und Stativ. Wir recken die Hälse wie die Kraniche ins herrlichste Abendlicht. Voraus tummeln sich mittlerweile Abertausende von ihnen. Sie halten die Landschaft in Bewegung. Manchmal steigen Hunderte Vögel gleichzeitig auf, wie eine wirbelnde Wolke. Die Kühe auf der Weide nebenan sind davon unbeeindruckt. Wir nicht. Wir sind gebannt von der Szenerie. Den Vögeln des Glücks würden wir gerne ins Winterquartier nach Spanien folgen. Und zurückkommen, wenn die Linumer Wiesen nach Frühling riechen.

WENN MAN SCHON MAL **HIER** IST:

Nur einen Katzensprung von Linum entfernt träumt der Weiler Linumhorst vor sich hin. Zu diesem führt eine fünf Kilometer lange **Allee** □→, die schon zur schönsten Deutschlands gewählt wurde. Rund 1.500 Eschen und Ahornbäume stehen dort Spalier. Rechts und links Störche auf den Feldern. Ein Bäumchen-Träumchen.

WENN MAN SCHON MAL IM NORDWESTEN BRANDENBURGS IST

+++ SEHEN +++
+++ ESSEN +++
+++ GUCKEN UND TAUCHEN +++
+++ SHOPPEN +++
+++ SCHLAFEN +++

SEHEN

RIBBECK

»Herr von Ribbeck auf Ribbeck im Havelland, ein Birnbaum in seinem Garten stand ...« Angeblich hat der Schöpfer dieser Ballade, Theodor Fontane, den Ort Ribbeck nie besucht. Und auch der besungene Birnbaum ist dahin, fiel 1911 einem Sturm zum Opfer. Egal: Ribbeck im Havelland ist ein attraktives Dorf und ein beliebtes Ausflugsziel ganz im Zeichen Fontanes. Da sollte man unbedingt vorbeischauen! Es gibt nette Cafés, eine schlichte Kirche und ein dominantes neobarockes Schloss (siehe schlossribbeck.de). Letzteres war bis 1945 Wohnsitz derer von Ribbeck. Heute ist im Schloss nicht nur ein Restaurant untergebracht, sondern auch das Fontane-Museum mit einer interaktiven Ausstellung über den großen märkischen Wanderer.

+++ 14641 RIBBECK +++ RIBBECK-HAVELLAND.DE UND SCHLOSSRIBBECK.DE +++

NEURUPPIN

Willkommen im Geburtsort Theodor Fontanes! Der Literat wurde 1819 im Gebäude der bis heute existierenden Löwen-Apotheke geboren. Das elegante, pastellfarbene Neuruppin ist ein Aushängeschild klassizistischer Städtebaukunst mit weiten Plätzen, schnurgeraden Straßen, Giebeldreiecken und Säulen. Das war nicht immer so. Nach einem Großbrand im Jahr 1787 wurde die Stadt in ihrem heutigen Erscheinungsbild neu aufgebaut. Was zudem ins Neuruppin-Pflichtprogramm gehört: ein Spaziergang an der Seepromenade und ein Bad in der Fontane Therme mit großartiger Seesauna!
+++ 16816 NEURUPPIN +++ NEURUPPIN.DE UND RESORT-MARK-BRANDENBURG.DE +++

BRANDENBURGISCHES HAUPT- UND LANDGESTÜT NEUSTADT (DOSSE)

Man muss kein Pferdenarr sein, um sich an diesem außergewöhnlichen Ort zu erfreuen. 400 Hektar misst das Gestüt mit seinen klassizistischen Bauten, die durch eine herrliche Allee verbunden sind. Es wurde 1788 von Friedrich Wilhelm II. ins Leben gerufen. Heute werden hier Spitzenpferde für den deutschen Rennsport gezüchtet. Besucher können nach Lust und Laune umherspazieren und die Tiere beobachten. Es gibt ein Museum, auch Führungen, Kutsch- und Kremserfahrten werden angeboten.
+++ HAUPTGESTÜT 10. 16845 NEUSTADT (DOSSE) +++ NEUSTAEDTER-GESTUETE.DE +++

SKULPTURENPARK SCHWANTE

»Everything is going to be alright« spiegelt sich als Lichtinstallation des englischen Künstlers Martin Creed im Teichwasser. Im rund 15 Hektar großen Skulpturengarten des Schlossguts Schwante ist auch so ziemlich alles in Ordnung. Über 20 Skulpturen namhafter Künstler wie Hicham Berrada, Dan Graham oder Tony Cragg gibt es dort, eindrucksvoll in die Natur integriert. Hinter dem Projekt steckt das Paar Loretta Würtenberger und Daniel Tümpel, ehemalige Investmentbanker, die heute vor allem in Kunst investieren.

+++ SCHLOSSPLATZ 1-3, 16727 SCHWANTE +++ SCHLOSSGUT-SCHWANTE.DE +++ FR-SO 11-18 UHR +++ 12 EURO +++

LILIENTHAL-CENTRUM STÖLLN

Huch, was ist denn das – ein Flugzeug mitten auf dem Acker! Im ausrangierten Langstreckenflieger IL-62 »Lady Agnes« der DDR-Fluggesellschaft *Interflug* auf dem Gollenberg ist heute eine Exposition zur DDR-Fluggeschichte untergebracht. Sie ist Teil des Lilienthal-Centrums, das ebenfalls mit einer Dauerausstellung aufwartet. Auf dem Gollenberg experimentierte der Luftfahrtpionier mit seinen Fluggeräten und starb im August 1896 nach einem Absturz.

+++ OTTO-LILIENTHAL-STR. 50, 14728 GOLLENBERG/OT STÖLLN +++ OTTO-LILIENTHAL.DE +++ APRIL-OKT. TÄGL. (AUSSER MO) 10-17 UHR, MÄRZ NUR SA/SO 11-16 UHR +++ 8 EURO +++

ESSEN

ALTE ÖLMÜHLE
Das riesige Backsteinareal der Rohölmühle aus dem 19. Jahrhundert beherbergt u. a. ein Hotel und eine Schaubrauerei mit rustikalem Restaurant. Den Absacker nach Prignitzer Pannfisch oder Bierbratwürsten kippt man in der Strandbar.
+++ BAD WILSNACKER STR. 52, 19322 WITTENBERGE +++ OELMUEHLE-WITTENBERGE.DE +++ 03877/567994600 +++ TÄGL. 11.30-23 UHR +++

GUT HESTERBERG
Der Gutshof der Neuzeit ist Bauernhof (Freilandrinder, Gänse, Hühner), Fleischerei und Deli in einem. Es gibt hervorragende Fleisch- und Wurstwaren und einen guten Mittagstisch.
+++ GUTSALLEE 1, 16818 NEURUPPIN +++ GUTHES TERBERG.DE +++ 03391/70060 +++ DI-FR 11-16 UHR, SA/SO BIS 18 UHR +++

CAFÉ WASCHHAUS
Drinnen eine schwer puppenstubige Angelegenheit, draußen flattert weiße Wäsche im Sommerwind. Von nah und fern kommt man angereist, der fantastischen original Ribbecker Birnentorte wegen.
+++ AM BIRNBAUM 6, 14641 RIBBECK +++ WASCH HAUS-RIBBECK.DE +++ 033237/85106 +++ DO-SO 11-17 UHR +++

CAFÉ CONSTANCE
Auch dieses Café in einem ehemaligen Theatersaal kommt nostalgisch daher. Kuchen vom Feinsten! Zugabe: preußische Dorfidylle am Ruppiner See.
+++ HOHES ENDE 4, 16818 WUSTRAU +++ CAFE-CONSTANCE.DE +++ 033925/70676 +++ DO/FR 14-17 UHR, SA/SO 12-17.30 UHR +++

GUCKEN & TAUCHEN

ESEL-FREUNDE HAVELLAND
Über 20 Esel, teils mit recht traurigen Biografien, leben hier. Man kann Wanderungen buchen oder die Tiere einfach nur auf ihrer Weide besuchen. Herzallerliebst!
+++ GARTENSTR. 9. 14621 SCHÖNWALDE OT PAAREN/GLIEN +++ ESEL-FREUNDE.DE +++

TAUCHEN IM GROSSEN STECHLINSEE
Der glasklare See, den Theodor Fontane in seinem Roman *Der Stechlin* (1898) verewigte, ist ein spannendes Tauchrevier. Infos bei der Atlantis Tauchbasis Stechlin.
+++ FISCHERWEG 2. 16775 STECHLIN OT NEUGLOBSOW +++ TAUCHBASIS-STECHLINSEE.DE +++

SHOPPEN

HB-WERKSTÄTTEN
Aus dem Bauhaus hervorgegangene Keramikmanufaktur mit Werksverkauf. Teils tolle (und teuere) Designkeramik, teils aber auch recht kitschige Ware. Mit Gartencafé.
+++ HEDWIG-BOLLHAGEN-STR. 4. 16727 OBERKRÄMER/MARWITZ +++ HEDWIG-BOLLHAGEN.DE +++ MO-FR 9-18 UHR. SA AB 10 UHR +++

FISCHZUCHT ZIPPELSFÖRDE

Laden und Imbiss südlich von Rheinsberg. Frischfisch, dazu megaleckere Räucherfischbuletten und Störschinken. Nicht wahnsinnig idyllisch, aber unglaublich gut.

+++ RHEINSHAGENER WEG 10. 16827 ZIPPELSFÖRDE +++ FZ-ZIPPELSFOERDE.DE +++ TÄGL. 7-16 UHR +++

SCHLAFEN

SCHLOSSHOTEL ZIETHEN

Schloss Ziethen, in dem heute eines der schönsten Schlosshotels im Berliner Umland untergebracht ist, gehört (mit Unterbrechung von 1945–1994) bis heute der Adelsfamilie von Bülow. 44 Zimmer im Schloss und im ehemaligen Kornspeicher. Restaurant mit herrlicher Gartenterrasse. Ein Landschaftspark zum Wegträumen. Hier baumelt die Seele nicht nur, hier macht sie Freudensprünge! DZ ab 128 Euro.

+++ ALTE DORFSTR. 33. 16766 KREMMEN OT GROSSZIETHEN +++ SCHLOSSZIETHEN.DE +++ 033055/950 +++

CAMPING ECKERNKOPPEL

Um Rheinsberg gibt es mehrere Campingplätze. Der hier ist unser Favorit. Einfach, aber einfach freundlich und mit tollen Stellplätzen direkt hinterm »Sonnenuntergangssee«. Das Wiegenlied singt die Rohrdommel.

+++ AM TIETZOWSEE. 16831 ZECHLINERHÜTTE +++ CAMPINGPLATZ-ECKERNKOPPEL.DE +++ 033921/50942 +++

2 NORDEN

+++ ERLEBEN +++

2

DAS ZUGPFERD IM NORDEN BRANDENBURGS

ist die Uckermark. Sie bezaubert durch weite Wälder und weite Felder, die Wogen schlagen und auf denen zur Ernte Trecker Staubwolken aufsteigen lassen. Pferde grasen auf Koppeln, daneben stille Seen. Diese Lieblichkeit ist attraktiv: Wegen der vielen Zugezogenen wird die Uckermark schon als 13. Bezirk Berlins bezeichnet. Im Nationalpark Unteres Odertal wiederum, also an der polnischen Grenze, trifft man auf eine der natürlichsten Auenlandschaften Europas.

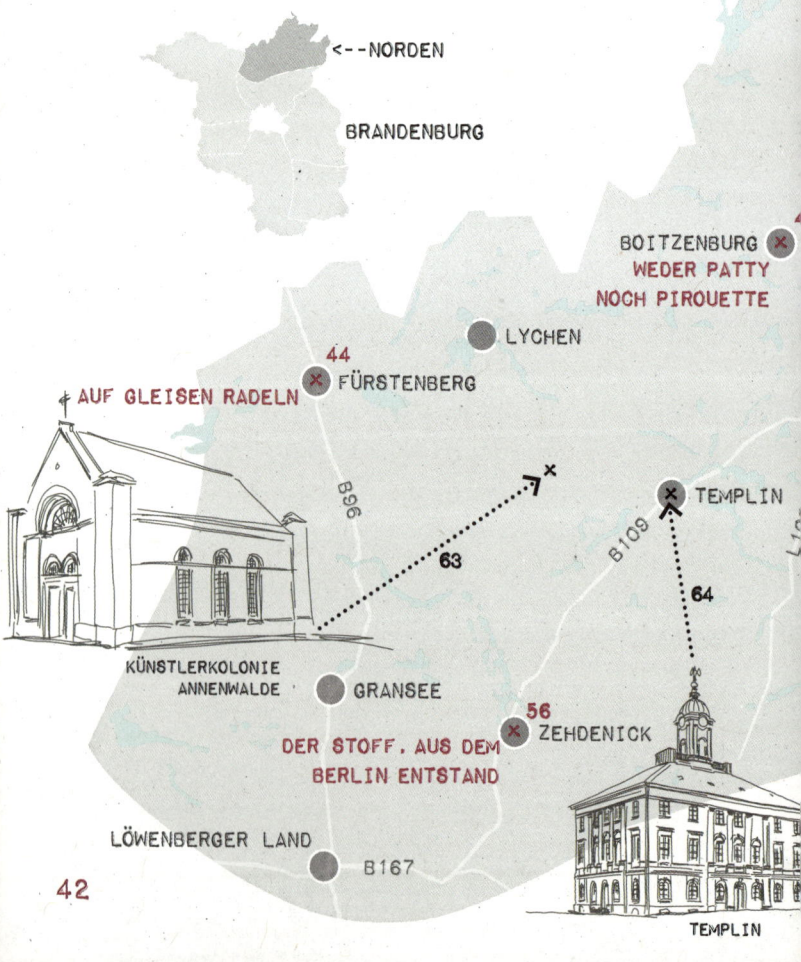

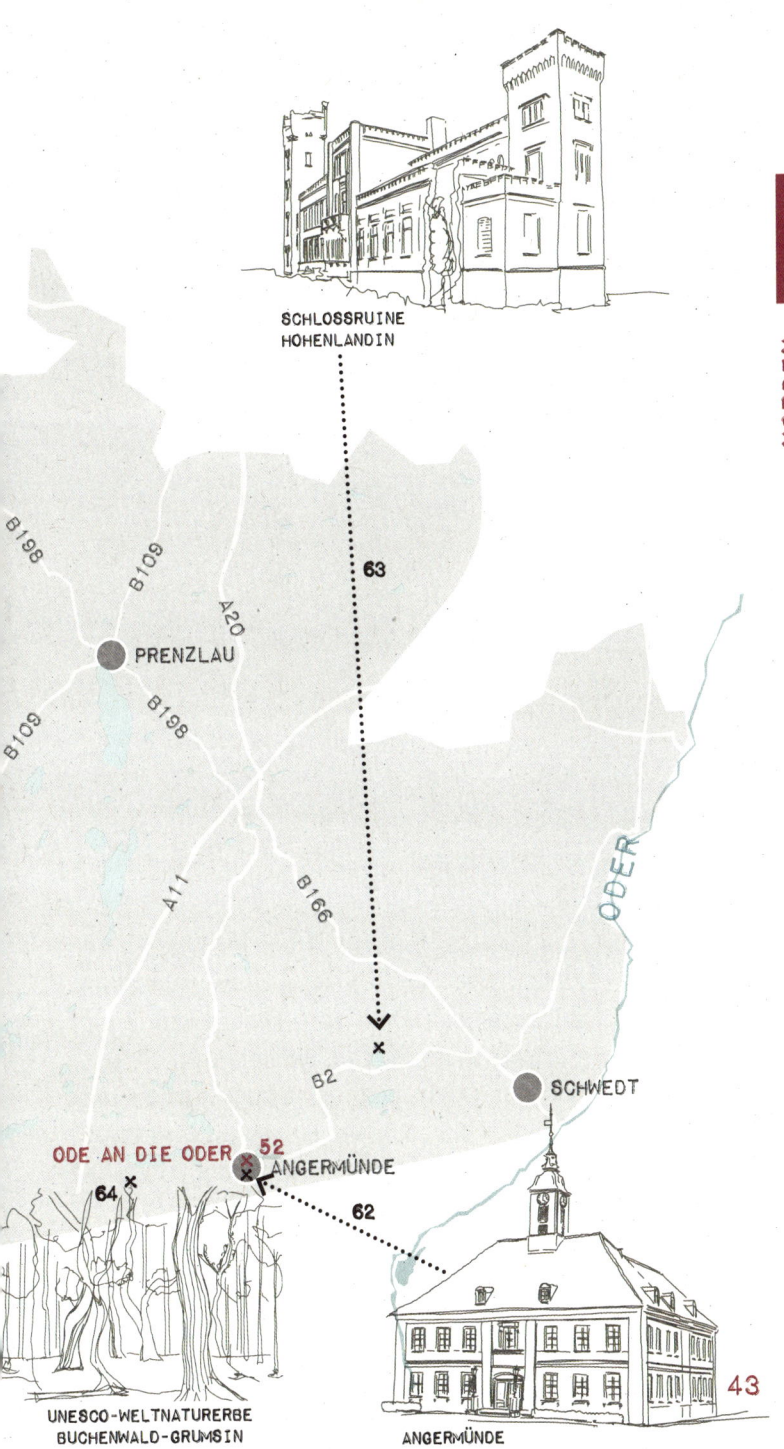

AUF GLEISEN RADELN

MIT DER FAHRRADDRAISINE VON FÜRSTENBERG NACH LYCHEN

× FÜRSTENBERG   <--NORDEN

+ + + S T E C K B R I E F + + +
WO? WEIDENDAMM 5. 16798 FÜRSTENBERG/HAVEL
+++ DIE RE5 FÄHRT IN 1 STUNDE NACH FÜRSTEN-
BERG. VOM BAHNHOF NOCH 20 MINUTEN ZU FUSS
+++ WANN? ZWISCHEN OSTERN UND OKTOBER START
TÄGL. UM 9 UND 14.30 UHR +++ ERLEBNISBAHN.DE
+++ WIE LANGE? CA. 3 STUNDEN (25 KILOMETER).
ES WERDEN AUCH GANZTAGESTOUREN VON TEMPLIN
NACH LYCHEN ANGEBOTEN (34 KILOMETER) +++ WIE
VIEL? 40 EURO FÜR BIS ZU 3 ERWACHSENE BZW.
2 ERWACHSENE UND 2 KINDER +++ WICHTIG! VOR-
HER RESERVIEREN! +++

WER MIT DER FAHRRADDRAISINE unterwegs ist, muss lernen, ein wenig wie die Ameisen zu ticken. Die nämlich wissen: ein Strang, eine Richtung! Gegenverkehr gibt es nur, wenn jemand die wichtigste Draisinen-Regel missachtet. Und die lautet bei den Nachmittagstouren auf der eingleisigen Strecke von Fürstenberg nach Lychen: Um 16.30 Uhr müssen alle umdrehen! Die Betonung liegt auf alle. Wer diesen Zeitpunkt verpeilt, sollte auf freundliche Entgegenkommende hoffen. Solche nämlich, die einem helfen, die Draisine aus den Gleisen zu heben und in die Gegenrichtung zu drehen. Das schon mal vorab. Ansonsten ist kaum etwas zu beachten auf diesem spaßigen Ausflug auf dem stillgelegten Schienenstrang durch die Uckermark. Einfach rauf auf die Draisine, eine Art Vierrad für zwei Radler auf Schienen, und los! Treten und bremsen. That's it.

ALS SCHEPPERNDE KARAWANE starten wir in Fürstenberg. Doch die Karawane löst sich schnell auf. Die einen radeln schneller durch den Mischwald, die anderen langsamer. Noch bis 1996 fuhren hier Züge. Bis 1994 sogar solche mit Ziel Moskau. In ihnen saßen in der DDR stationierte Sowjetsoldaten. Während des Dritten Reichs verkehrten hier Bahnen, die Frauen aus halb Europa in die Hölle brachten: Jüdinnen, Sinti und Roma, Politische. Das Frauen-Konzentrationslager Ravensbrück, ein viel zu trauriger Ort für diesen heiteren Tag, liegt nur wenige Schritte abseits der Gleise.

Mit den Händen am Lenker, der nur Halt gibt und aussieht wie von einem Klapprad geklaut, radeln wir an der Station Ravensbrück vorbei. Wenn es leicht bergab geht, rollt unser Draisinchen wie von alleine durch die Landschaft. Wir passieren eine Schranke, dahinter eine Straße und bald darauf die Station Himmelpfort. Eine Viertelstunde Fußmarsch sind es von der Haltestelle bis in den »staatlich anerkannten Erholungsort« mit dem himmlischen Namen. Den wollen wir sehen. Denn dort, in schöner Seenszenerie, soll der Nikolaus in seiner putzigen Weihnachtsstube wohnen.

NICHT ABER IM SEPTEMBER. Auch nicht im Juli. In den warmen Monaten ist der Nikolaus ausgeflogen, wie wir vor Ort erfahren. Erst Mitte November kommt er wieder, um seine Post aus aller Welt zu beantworten. Schade.

So radeln wir weiter Richtung Wendestation Hohenlychen. Wir passieren Haltestellen, an denen Draisinen vom Gleis genommen wurden und Schilder auf Badeseen aufmerksam machen. Die Station Piansee fliegt an uns vorüber, danach die Station Fischerei (Fischbrötchen bis 16 Uhr!). Wenig später blitzt der Große Lychensee zwischen den Bäumen hindurch. Mit einem kleinen Inselchen in der Mitte, das aussieht wie das in der Krombacher-Werbung. Am Strandbad gönnen wir uns ein Eis.

Wer die Draisinentour als Ganztagestour von Templin aus unternimmt, kann in Lychen, einem allseits von Wasser umgebenen Ort, noch eine kleine Bootstour dranhängen. Wir aber radeln zurück, sanft umschmeichelt vom Spätsommerwind. Die Sonne steht schon schräg. Eine junge Familie kommt uns entgegen. Sie scheint die wichtigste Draisinen-Regel nicht zu kennen ...

WENN MAN SCHON MAL HIER IST:
Ein Besuch der **Mahn- und Gedenkstätte Ravensbrück** (ravensbrueck-sbg.de) □→ ist zwar theoretisch im Rahmen der Draisinenfahrt möglich. Jedoch verdient der traurige Ort mit seiner interessanten Dauerausstellung deutlich mehr Zeit als nur einen kurzen Zwischenstopp. Von 1939 bis 1945 waren in Ravensbrück mehr als 120.000 Menschen, meist Frauen, inhaftiert. 5.000 bis 6.000 starben in den Gaskammern vor Ort.

NORDEN

WEDER PATTY NOCH PIROUETTE

UNTERWEGS AUF DEM DOPPELTEN BOITZENBURGER

NORDEN--> ✗ BOITZENBURG

+ + + S T E C K B R I E F + + +
WO? START UND ZIEL AM GASTHOF ZUM GRÜNEN BAUM IN BOITZENBURG. TEMPLINER STR. 4, 17268 BOITZENBURGER LAND +++ BOITZENBURG. CA. 100 KM NÖRDLICH VON BERLIN. ERREICHT MAN ÜBER DIE A11 IN CA. 90 MINUTEN. DIE ANFAHRT MIT ÖFFENTLICHEN VERKEHRSMITTELN IST NICHT ZU EMPFEHLEN +++ WANN? IMMER +++ WIE LANGE? CA. 6-9 STUNDEN (26.3 KILOMETER); WENIGER GEÜBTE KÖNNEN AUCH »NUR« DEN GROSSEN BOITZENBURGER (19.5 KILOMETER) ODER »NUR« DEN KLEINEN BOITZENBURGER (10.5 KILOMETER, DER REIZVOLLERE!) GEHEN +++ WIE VIEL? KOSTENLOS +++ WICHTIG! VERPFLEGUNG MITNEHMEN! +++

DOPPELTER WAS? Nein, den Doppelten Boitzenburger gibt es nicht mit Pommes. Der Doppelte Boitzenburger ist auch keine Figur im Eiskunstlauf. Der Doppelte Boitzenburger ist ein Wanderweg, derart attraktiv, dass er schon unter die schönsten Wanderrouten Deutschlands gewählt wurde. Klingt mega, oder? Also machen wir uns auf ins beschauliche Boitzenburg mit dem ehemaligen Schloss derer von Arnim. Am Gasthof zum Grünen Baum zurren wir die Wanderschuhe fest, halten Ausschau nach dem gelben Kreuz auf weißem Grund und stiefeln den Markierungen hinterher.

Wir starten mit dem Großen Boitzenburger. Er dreht die größere Schleife durch die hier apart gewellte Uckermark. Der Große und der Kleine Boitzenburger gehen wie olympische Ringe ineinander über. Beide zusammen ergeben den Doppelten. Alles klar?

ZUNÄCHST ist ausgiebiges Waldbaden angesagt. Doch plötzlich tut sich eine Lichtung auf, und eine Lindenallee führt in das filmreife Pferdekoppelidyll rund um die Paarhäusersiedlung Zerwelin. Ein Traktor kommt uns entgegen, der Bauer winkt. Wir winken zurück. Dann geht es wieder durch den durchsonnten Forst. Nach Naugarten, ein Dorf an einem See, in dem sich die Bäume spiegeln. An der Badestelle führt ein Steg übers Wasser. Wir wandern weiter durch einen Märchenwald mit niederen Farnen und moosüberwachsenen Steinen. Wo ist Rotkäppchen, wo der böse Wolf? Und wo die Waldfee? Holla, war sie da nicht gerade?

Hinter Berkholz, einem hübschen Örtchen mit Feldsteinkirche, wechseln wir auf den Kleinen Boitzenburger und gleiten hinein in eine von romantisierenden Bauten durchsetzte Kulturlandschaft, die der große preußische Gartenkünstler Peter Joseph Lenné im 19. Jahrhundert für die von Arnims schuf. Was für ein Farbspektakel! Die steinalten Buchen und Eichen um uns herum werden gerade vom Herbst bunt gemalt. Bäume in den Farben Karmesinrot, Safran und Purpur zieren die Wälder um die Seenkette von Boitzenburg.

IM CAROLINENHAIN, einem dieser bunten Wälder, halten wir immer wieder an. Zum Beispiel vor der Erbbegräbnisstätte derer von Arnim, die von zwei lebensgroßen Löwen aus Sandstein bewacht wird. Vom überkuppelten Apollotempelchen, einem Aussichtspavillon nahebei, blicken wir hinüber aufs Schloss. Gauben und Türmchen zieren das Bauwerk im Stil der etwas kitschigen Neorenaissance. Zu DDR-Zeiten wurde aus Schloss Boitzenburg ein NVA-Erholungsheim. Heute ist es ein Jugendhotel. Was für ein Downgrade! Nicht umsonst meckern die Ziegen im Schlosspark.

Schließlich landen wir am Schumellensee, einem ruhig daliegenden Waldsee mit herrlicher Badestelle. Der Sprungturm für die perfekte Arschbombe lässt vermuten, dass der Geräuschpegel im Hochsommer ein anderer ist. Jetzt aber gibt es hier nur uns. Wir setzen uns auf den von der Herbstsonne erwärmten Holzsteg und blicken ein paar Minuten beglückt in die Stille. Dann schultern wir unsere Rucksäcke und wandern zurück nach Boitzenburg.

WENN MAN SCHON MAL **HIER** IST:

Haus Lichtenhain (haus-lichtenhain.de) ☐→ nennt sich das Anwesen von Daisy und Michael von Arnim, Nachfahren des weitverzweigten Adelsgeschlechts. Der freundliche Ort steht ganz im Zeichen des Apfels. Die »Apfelgräfin« Daisy stellt alles Mögliche her, was man aus Äpfeln machen kann, u. a. Apfelchips, Apfelchutney und einen hervorragenden Apfelsecco. Die Familie betreibt auch ein Café und vermietet Ferienwohnungen.

ODE AN DIE ODER

MIT DEM E-BIKE DURCH DEN NATIONALPARK UNTERES ODERTAL

NORDEN-->

ANGERMÜNDE ×

+ + + S T E C K B R I E F + + +
WO? UNTERES ODERTAL +++ E-BIKE-VERLEIHSTATIONEN U. A. IN 16278 ANGERMÜNDE (BARUM-EBIKE-VERLEIH.DE) ODER 16303 CRIEWEN (SEGWANA.DE) +++ ANGERMÜNDE ERREICHT MAN MIT DER RE3 VON BERLIN HBF. IN 1 STUNDE +++ WANN? IMMER +++ UNTERES-ODERTAL.DE +++ WIE LANGE? 5-8 STUNDEN +++ WIE VIEL? BIS AUF DIE LEIHKOSTEN FÜR DAS E-BIKE (CA. 25-30 EURO) KOSTENLOS +++ WICHTIG! VERPFLEGUNG MITNEHMEN! +++

VOGEL MÜSSTE MAN SEIN. Die vom Herbstregen satt getrunkene Landschaft muss aus der Luft ein herrliches Bild abgeben. Froschgrün meets Admiralsblau. Hier die gemächlich der Ostsee entgegenfließende Oder mit ihren Nebenkanälen, Tümpeln und Altarmen voller Windungen. Und daneben die üppig grünen Polder, wie die tiefer gelegenen Wiesen zwischen den Deichen genannt werden. Sie dienen dem Hochwasserschutz, können im Winter und Frühjahr geflutet werden. Jetzt grasen Kühe und Schafe mit schwarzen Köpfen darauf. Wir sind mit dem Rad in den Auen des Nationalparks Unteres Odertal unterwegs, einer einzigartigen Flusslandschaft an der polnischen Grenze. Rundtouren der unterschiedlichsten Länge lassen sich hier unternehmen. Der schmale, 50 Kilometer lange Streifen erstreckt sich zwischen Hohensaaten im Süden und Gartz im Norden.

AUF DEM HOCHWASSERSCHUTZDEICH

düsen wir an Schwedt vorbei ans östliche Ende der Republik. Dort, bei einem schwarz-rot-goldenen Grenzpfosten, sitzt ein Angler und blickt hinüber nach Polen. Nahebei stillt ein Pferd seinen Durst mit Oderwasser. Etwas weiter äst ein Reh. Entlang des Flusses passieren wir silbrig schimmernde Bäume. Sie sind vom ewigen Wind ganz schief. So schief werden wohl unsere Hälse am Abend sein. Es zieht wie Hechtsuppe. Der Wind, der über die Polder pfeift und als Gegenwind richtig garstig werden kann, war einer der Gründe, warum wir nicht mit unseren alten Rädern losziehen wollten, sondern E-Bikes gemietet haben. Der zweite Grund sind die Plattenwege in der Deichlandschaft, die dem Hintern und den Beinen auf einem besseren Bike auf Dauer weniger zusetzen. Und der dritte, klaro: Man kann Strecke machen und sieht so deutlich mehr vom Nationalpark. Das steigert den Spaßfaktor. Einfach mit dem Daumen aufs Pluszeichen, und schon geht man ab wie eine Rakete. Unsere E-Bikes sind schneller als der Frachter, der auf dem Fluss schippert. Schneller als manche Insekten, die uns in die Nase fliegen und uns zum Niesen bringen.

HIE UND DA EIN AUSSICHTSTURM.
Wer hinaufsteigt, blickt hinunter auf eine Landschaft, die Herz und Hirn aufräumt. In der weiten grünen Ebene stehen vereinzelt Eichen und Ulmen. Die Spätnachmittagssonne taucht alles in friedliches Licht. Auf einmal stolziert ein Graureiher ins Blickfeld. Fast 300 Vogelarten soll es im Nationalpark geben, dazu etliche andere Tiere. Das haben wir am Morgen im Besucherzentrum in Criewen erfahren. Die hiesigen Big Five sind Biber, Seeadler, Kranich, Fischotter und der aus Polen zugewanderte Elch.

Wir radeln vorbei an Stolpe. Im Nacken des Dorfs erhebt sich ein Rundturm, einziges Überbleibsel einer im 12. Jahrhundert errichteten Burganlage. Auf einmal durchbricht aufgeregtes Geschnatter die Stille: Ein Schwarm Gänse zieht über uns hinweg. Ihre Flugformation am pastellfarbenen Abendhimmel gleicht einem V. V wie Vogel. Ja, Vogel müsste man sein. Die Gänse sind der Schlussakt eines Tages, der ein Trinkgeld verdient hat.

WENN MAN SCHON MAL **HIER IST**:
Durch und durch sympathisch ist der **Ökohof Stolze Kuh** ⇨ im hübschen Dorf Stolzenhagen 4 Kilometer südlich von Stolpe. Die stolzen Kühe weiden auf den Wiesen des Unteren Odertals. Ihr Fleisch sowie Milch, Joghurt und Käse aus der eigenen Käserei werden im Hofladen angeboten. Motto dort: Selbstbedienung, kein Personal. Man nimmt sich, was man möchte, und legt das Geld dafür in die Kasse.

DER STOFF, AUS DEM BERLIN ENTSTAND

EIN TAG IM ZIEGELEIPARK MILDENBERG

NORDEN-->

x ZEHDENICK

+ + + S T E C K B R I E F + + +
WO? ZIEGELEI 10. 16792 ZEHDENICK +++ DER ZIEGELEIPARK 50 KM NÖRDLICH VON BERLIN IST EIN ZIEL FÜR SELBSTFAHRER. KEINE GUTE ANBINDUNG MIT ÖFFENTLICHEN VERKEHRSMITTELN +++ WANN? ENDE MÄRZ BIS ENDE OKTOBER TÄGL. 10-18 UHR +++ ZIEGELEIPARK.DE +++ WIE LANGE? 3-8 STUNDEN +++ WIE VIEL? PARK-EINTRITT INKL. ZIEGELEIBAHN 8 EURO. ERM. 4 EURO +++

GÜNSTIG, FAMILIENFREUNDLICH

2

DAHIN ODER DORTHIN? Direkt ins Museum? Oder erst eine Runde mit der Ziegeleibahn? Oder eine Führung? Wenn ja, welche? Puh. Die ersten Minuten im Ziegeleipark Mildenberg können einen überfordern. Da muss man sich erst ein wenig orientieren. Das Areal ist ja auch nicht gerade klein. Mit 40 Hektar alles andere als auf den ersten Blick überschaubar. Dabei ist das nur der Rest vom einst größten Ziegelrevier Europas. Nachdem hier 1887 zufällig Tonvorkommen entdeckt worden waren, entstanden bei Mildenberg an die 30 Ziegeleien. Ein Segen für das aufstrebende Berlin, das Baumaterial dringend benötigte. Bis 1990 wurde hier produziert. Heute befindet sich auf dem Gelände zweier benachbarter Ziegeleien das »Industriedenkmal Ziegeleipark Mildenberg«, eine der großen Touristennummern der Region. Kein Wunder.

WIR STARTEN mit der Multimedia-Ausstellung in den Produktionshallen. Cooles Industrial-Ambiente mit spannenden Installationen. Wir drücken da ein Knöpfchen, dort ein Knöpfchen. Erfahren, dass hier pro Schicht 36.000 Ziegelsteine hergestellt wurden. Dass die Ziegeleien zwischen 1953 und 1963 auch als Arbeitslager für politische Häftlinge dienten. Und landen am Ende da, wo die Ziegel bei 980 Grad stufenweise gebrannt wurden: im Ringofen. Man kann sein Inneres umrunden. Die Akustik ist sensationell. Die Optik auch.

Mit der Ziegeleibahn kommen wir am Alten Fritz vorbei. Er dümpelt im Wasser des Ziegeleihafens und ist einer der sogenannten Finowmaßkähne, mit denen die Ziegel in die Hauptstadt transportiert wurden. Wir rumpeln mit unserem Bähnchen an den überall herumstehenden verrosteten Loren vorbei. Fahren durch das Gebäude der alten Ziegelei Stackebrandt – das fühlt sich an wie Geisterbahn, nur ohne Geister. Manche Ecken haben Lost-Place-Charakter. Andere wirken, als wären sie eben erst verlassen worden. »In Hochzeiten haben hier mehr als 5.000 Menschen gearbeitet. Es rauchte aus 62 Schornsteinen«, erzählt der Guide. »Die Luft war ganz schön dicke.«

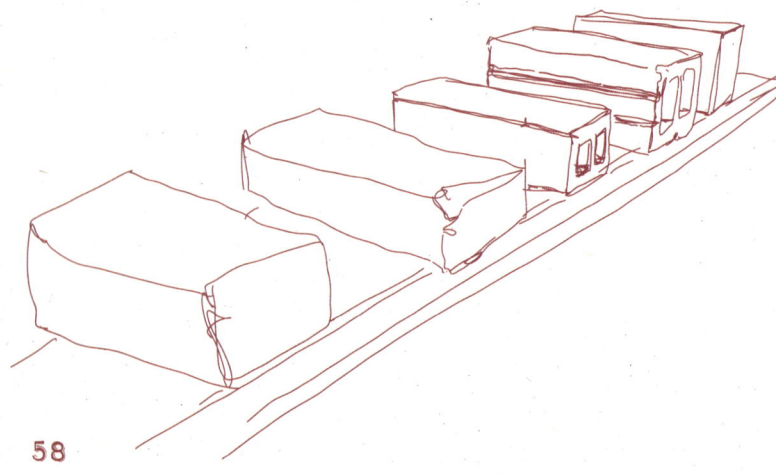

NACH UNSEREM DATE mit der alten Dampfmaschine und der Führung durch die Werkstätten, in denen fast alle Maschinen über eine einzige Welle angetrieben wurden, planen wir die nächsten Stunden. Was soll noch auf die Liste? Die Trafostation? Die Feldbahnausstellung? Oder sollen wir mit der Lorenbahn in den Naturpark Uckermärkische Seen fahren? Die dortige ehemalige Tonstichlandschaft wird von der Natur langsam zurückerobert. In den rund 70 vollgelaufenen Tonstichen bauen heute Biber Burgen, planschen Fischotter.

Oder auf dem Picknickplatz den Grill anwerfen, während nebenan Kaninchen mümmeln und Schafe blöken? Wäre auch keine schlechte Idee. Oder wir spazieren zum Aussichtsturm? Oder, oder, oder? Mit einer Seilfähre kann man fahren. Mit Gokarts und mit Schienenfahrrädern – doch das ist eher etwas für Kinder. Genauso wie das Herstellen von Mini-Ziegelsteinen. Sogar baden kann man gehen. Kein Problem übrigens, wenn Sie einen Tag dranhängen wollen: Ganz in der Nähe gibt es schöne Campingmöglichkeiten und eine idyllisch gelegene Pension.

WENN MAN SCHON MAL **HIER** IST:

Dann sollte man Wild aus der Uckermark essen! **Richard's Wild** (richards-wild.de) ⇨ etwa 15 Kilometer nördlich des Ziegeleiparks in Dannenwalde an der Straße nach Fürstenberg ist eine Mischung aus Wildladen und gehobenem Schnellrestaurant. Der Wildfleisch-Mittagstisch ist nur zu empfehlen. Unsere Wildbulette mit Wildkräutersalat ⇨ war exzellent.

WENN MAN SCHON MAL IM NORDEN BRANDENBURGS IST

+++ SEHEN +++
+++ ESSEN +++
+++ PADDELN UND BADEN +++
+++ SHOPPEN +++
+++ SCHLAFEN +++

+++++++++++++++ SEHEN +++++++++++++++

ANGERMÜNDE

Schmucke Fachwerkhäuser, wohin man nur blickt. Baumbestandene Plätze. Am Abend bescheinen historische Laternen Kopfsteinpflaster. Über all dem erhebt sich der mächtige Turm der backsteingotischen Stadtpfarrkirche Sankt Marien, die aus dem 13. Jahrhundert stammt. Am Rande der Altstadt steht eine über 700 Jahre alte Franziskanerkirche als einziges Überbleibsel eines Klosters. Das am Mündesee gelegene Angermünde ist nicht nur die Perle der Uckermark, sondern eine der schönsten Kleinstädte Brandenburgs. Die touristische Infrastruktur ist gut und Angermünde damit ein idealer Standort zur Erkundung der Umgebung. Originell übernachten kann man in den Ferienwohnungen des Wasserturms am Bahnhofsvorplatz (wasserturm-angermuende.de).

+++ 16278 ANGERMÜNDE +++ ANGERMUENDE-TOURISMUS.DE +++

SCHLOSSRUINE HOHENLANDIN

Das Mauerwerk liegt blank, das Dach fehlt. Adler und Löwen wachen über ein Portal, hinter dem die Natur wieder das Sagen hat. Schloss Hohenlandin ist ein spannendes Ziel für all jene, die ein Faible für Ruinen haben. 1861 im Stil der Tudorgotik errichtet, steht das stattliche Schloss bereits seit 1977 leer. Der heute verwucherte Schlosspark geht auf den großen preußischen Gartenkünstler Peter Joseph Lenné zurück.

+++ SCHLOSSSTR. 7, 16278 MARK LANDIN +++ HOHENLANDIN.DE +++

KÜNSTLERKOLONIE ANNENWALDE

Annenwalde ist ein brandenburgisches Dorf wie aus dem Bilderbuch. Um ein hübsches klassizistisches Kirchlein gruppieren sich liebevoll restaurierte Fachwerkhäuser mit bunten Flower-Power-Gärten. Die Kirche sollte man auch von innen angucken: Sie wurde 1833 nach Plänen des preußischen Hofbaumeisters Karl Friedrich Schinkel errichtet. Dorische Holzsäulen tragen das überaus elegante Tonnengewölbe mit Sternmotiven. Annenwalde hat aber noch mehr zu bieten, zumal sich das Dorf nach der Wende zu einer Art Künstlerkolonie entwickelte. Es gibt u. a. eine Keramikwerkstatt und eine Glashütte.

+++ 17268 ANNENWALDE +++

← TEMPLIN

In Templin verbrachte Angela Merkel ihre Kindheit und Jugend. Aber deswegen schauen vermutlich die wenigsten Besucher in der reizvollen Kleinstadt am Templiner Stadtsee vorbei. Die einen kommen, um sich durch die Altstadtgassen mit ihren adretten Fachwerkhäusern spülen zu lassen. Die anderen besteigen einen Ausflugsdampfer und lassen sich durch die bezaubernde Seenlandschaft der Umgebung fahren. Und dann gibt es noch die, die direkt das schwer nostalgische Altstadt-Café am Hauptplatz ansteuern. Warum? Hingehen, Kaffee und Kuchen bestellen, wissen.

+++ ALTSTADT-CAFE AM MARKT 11, 17268 TEMPLIN +++ 03987/208279 +++ MO-FR 10-17 UHR, SA/SO 13-17 UHR +++ TEMPLIN.DE +++

UNESCO-WELTNATURERBE BUCHENWALD-GRUMSIN

Ein Urwald mitten in Brandenburg! Der 670 Hektar große Buchenwald Grumsin steht auf der UNESCO-Weltnaturerbe-Liste. Seit Hunderten von Jahren wurde er nicht gerodet. Eine Wanderung vorbei an den uralten Buchen ist v. a. im Indian Summer ein Traum. Im Dorf Altkünkendorf (mit Schnapsbrennerei!) findet man den Einstieg in eine rund dreistündige Rundtour.

+++ INFOSTELLE AN DER ALTKÜNKENDORFER STR. 22, 16278 OT ALTKÜNKENDORF +++ WELTNATURERBE-GRUMSIN.DE +++ APRIL-OKT. MI-SO 10-16 UHR +++

ESSEN

GASTHOF ZUM GRÜNEN BAUM

Der atmosphärische Gasthof bietet einen lauschigen Garten und eine zeitgemäße Küche, die auch fleischlose Gerichte zaubern kann. Zudem werden fünf hübsche Zimmer vermietet.

+++ TEMPLINER STR. 4, 17268 BOITZENBURG +++ BOITZENBURGER.DE +++ 039889/569995 +++ MO-SA 17.30-21 UHR, SO AB 12 UHR +++

RESTAURANT KLEINE SCHORFHEIDE

Netter Landgasthof in Annenwalde mit gemütlicher Terrasse am Dorfanger. Spezialität des Hauses: Sülze von der Ente bis zum Wild, außerdem Flammkuchen.

+++ ANNENWALDE 13, 17268 TEMPLIN +++ KLEINE SCHORFHEIDE-ANNENWALDE.DE +++ 03987/4989429 +++ MI/DO 11-16 UHR, FR/SA 11.30-19.30 UHR, SO 11.30-14 UHR +++

DER GROSSE GARTEN

Hipstertreff auf dem niedlichen Gelände der ehemaligen Schlossgärtnerei von Gerswalde. Im alten Palmenhaus, heute das Restaurant Gaia, kocht man mit dem, was gerade im Garten geerntet werden kann. Nebenan bei Glut und Späne gibt es Räucherfisch.

+++ DORFMITTE 11, 17268 GERSWALDE +++ DERGROSSEGARTEN.DE +++ MAI BIS OKTOBER NACH LUST UND LAUNE +++

KAFFEEKONSUM

Im alten Dorfkonsum von Wolletz serviert man im stilsicheren, fast urbanen Ambiente Kuchen und spannende Burgervariationen, auch vom Wild.

+++ ZUR WELSE 4, 16278 ANGERMÜNDE OT WOLLETZ +++ KAFFEE-KONSUM.DE +++ 033337/519090 +++ MI-SO 12-18 UHR +++

PADDELN UND BADEN

PADDELN IM NATIONALPARK

Den Nationalpark Unteres Odertal kann man nicht nur durchradeln, sondern bei einer geführten Kanutour auch durchpaddeln. Die Agentur Flusslandschaft Reisen bietet verschiedene Touren an, u. a. Mondscheinpaddeln.

+++ DORFSTR. 16A. 17329 HOHENHOLZ +++ FLUSS LANDSCHAFT-REISEN.DE +++ 039746/22891 +++

GROSSER BEUTELSEE

Schöne Badestellen gibt es in der Uckermark verdammt viele. Die Liegewiese am nach Kiefern duftenden Waldsee gehört zu den ruhigeren.

+++ 17268 TEMPLIN. OT BEUTEL +++ VOM DORF BEUTEL NOCH 500 METER BIS ZUM SEE +++

SHOPPEN

STRAUSSENHOF BERKENLATTEN

Wer wissen will, wie Straußenrührei schmeckt, fährt hierher. Neben dem Imbiss gibt es auch einen Hofladen (super Schinken!) und Strauße auf der Weide.

+++ BERKENLATTEN 7. 17268 BERKENLATTEN +++ STRAUSSENHOF-BERKENLATTEN.DE +++ APRIL-OKT. DO-MO 10-18 UHR. SONST VERKÜRZT +++

RETOURA SONDERVERKAUF

Lagerhalle, in der Retouren und Restposten verkauft werden. Hier kann man Mega-Schnäppchen machen – vom Wein bis zum Rasenmäher. Großer Andrang.

+++ KARLSHOF 12, 16792 ZEHDENICK +++ RETOURA.DE +++ FR 10-18 UHR, SA BIS 16 UHR +++

++++++++++ SCHLAFEN ++++++++++++

GUT BOLTENHOF

Auf dem grünen Gelände eines wunderhübschen Gutshofs macht der Prenzlauer Berg Urlaub. Vermietet werden 18 geschmackvolle Zimmer und Ferienwohnungen (für 2 Pers. ab ca. 125 Euro). Angeschlossen sind ein Restaurant, ein Bistro und ein Laden, wo man u. a. Ziegenkäse der Käserei Capriolenhof kaufen kann.

+++ LINDENALLEE 14, 16798 BOLTENHOF +++ GUT BOLTENHOF.DE +++ 033087/52520 +++

BAUMHAUSHOTEL UCKERMARK

Das Hotel gehört zum Gut Gollin (mit Hofladen) und bietet die originellste Art, seinen Uckermark-Urlaub zu verbringen. Die fünf auf Stelzen stehenden, liebevoll-rustikal eingerichteten Holzhäuser befinden sich abseits des Guts im Wald. Bio-Trockentoilette an den Häusern, Bäder 200 bis 400 Meter entfernt. Für 2 Pers. ab 115 Euro mit Frühstück.

+++ GUT GOLLIN 1, 17268 TEMPLIN +++ BAUMHAUSHOTEL-UCKERMARK.DE +++ 039882/619941 +++

3
NORDOSTEN
+++ ERLEBEN +++

3

ZWISCHEN DER UCKERMARK ganz im Norden Brandenburgs und Berlin liegt der Landkreis Barnim mit dem gleichnamigen Naturpark und dem Biosphärenreservat Schorfheide-Chorin. Hier taucht man wie so oft in Brandenburg kopfüber in die Natur ein. Auf holprigen Sträßchen durchfährt man eines der größten zusammenhängenden Waldgebiete Mitteleuropas – Heimat von Hirschen, Rehen, Wildschweinen und passend dazu Preiselbeeren. Größte kulturhistorische Sehenswürdigkeit ist das gotische Zisterzienserkloster Chorin.

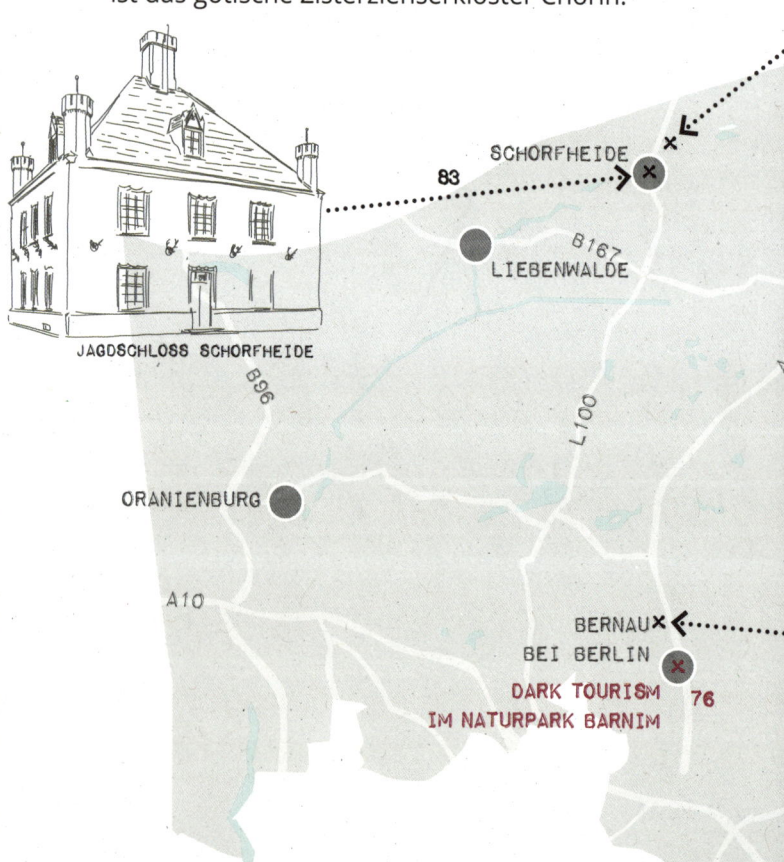

DARK TOURISM IM NATURPARK BARNIM

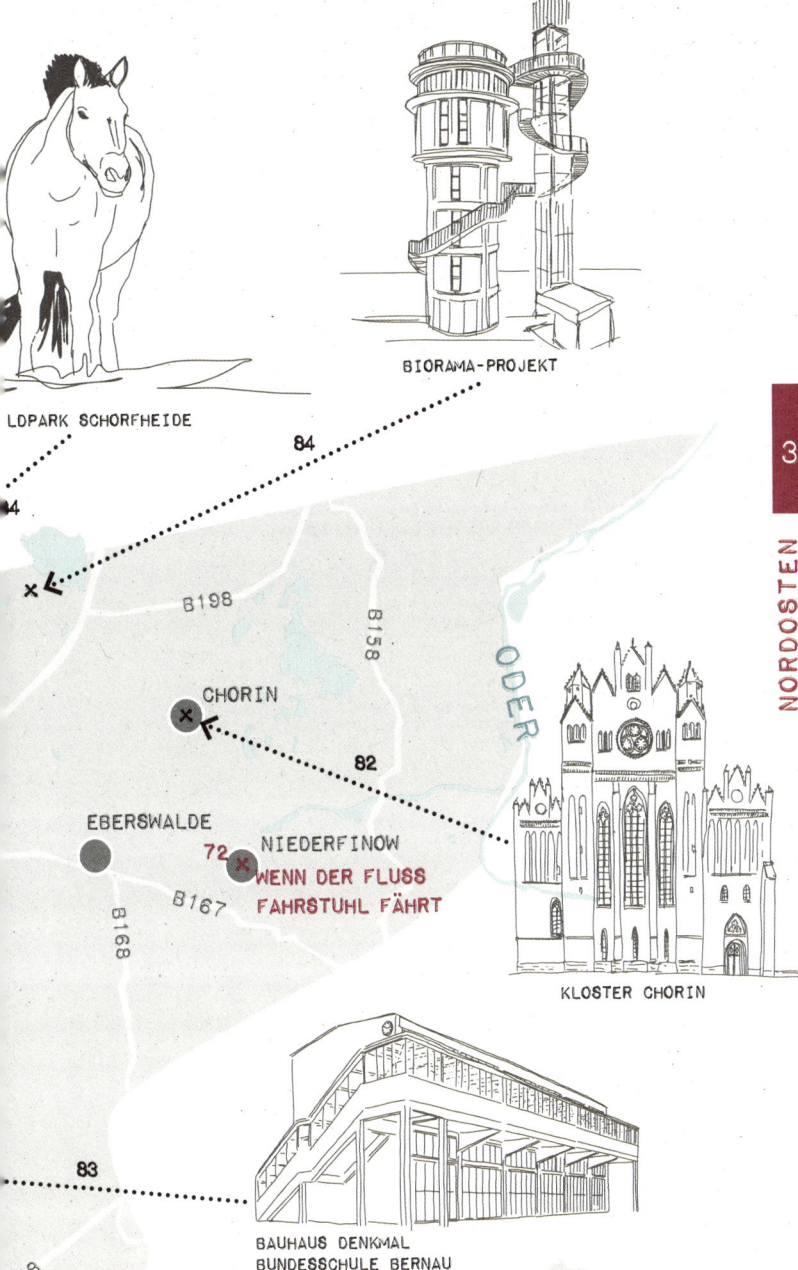

WENN DER FLUSS FAHRSTUHL FÄHRT

SCHIFFSFAHRT DURCH DAS SCHIFFSHEBEWERK NIEDERFINOW

NIEDERFINOW ×

NORDOSTEN-->

+ + + S T E C K B R I E F + + +
WO? HEBEWERKSTRASSE, 16248 NIEDERFINOW +++ VON BERLIN-GESUNDBRUNNEN MIT DER RE3 NACH EBERSWALDE UND VON DORT WEITER MIT BUS 916 DIREKT BIS ZUM SCHIFFSHEBEWERK. DAUER CA. 60 MINUTEN +++ WANN? SCHIFFSFAHRTEN DURCH DAS HEBEWERK MAI BIS ENDE OKTOBER TÄGL. UM 11, 13 UND 15 UHR; BESICHTIGUNGEN DES HEBEWERKS IM SOMMER 9.30-17.30, IM WINTER 10-16 UHR +++ SCHIFFSHEBEWERK-NIEDERFINOW. INFO +++ WIE LANGE? 1-1.5 STUNDEN +++ WIE VIEL? SCHIFFFAHRTEN 8 EURO, ERM. 5 EURO, BESICHTIGUNG 3 EURO, ERM. 2 EURO +++

GÜNSTIG, FAMILIENFREUNDLICH

DAS SIGNAL SPRINGT AUF GRÜN. Wir fahren ein ins Schiffshebewerk Niederfinow, ein Gerüst aus genietetem Stahlfachwerk, so wie der Eiffelturm. Der Kapitän, zugleich der immer quasselnde Kommentator, hält zur Abwechslung kurz inne. Er muss sich konzentrieren. Wasser tropft auf uns herab. Alle Blicke sind nach oben gerichtet. Das Tor schließt sich. Ein Schallsignal ertönt, dann hängen wir in den Seilen. Doch was heißt wir? Der ganze Fluss hängt in den Seilen. Korrekterweise der ganze Oder-Havel-Kanal samt den darauf schwimmenden Schiffen. Er fährt einfach mal kurz Aufzug, 36 Meter nach oben. Fünf Minuten lang. Durch Gegengewichte werden wir emporgezogen, in einem Trog voll Wasser. Als ob sich eine volle Badewanne mit Motorjachten, Ausflugsbooten und Frachtschiffen dem Himmel entgegenheben würde.

AUTOSTRASSEN HABEN BRÜCKEN. Wasserstraßen auch. Eben mit Wasser gefüllte Brücken. Wenn oben die Ampel auf Grün springt, verlassen wir das Schiffshebewerk über eine solche. 157 Meter ist die Kanalbrücke lang. Auch sie ein Tross aus Stahl. 18.000 Tonnen wurden einst für die Brücke und das Hebewerk verbaut. Es war eine technische Meisterleistung, die da 1933 fertiggestellt wurde. Den Schiffern zwischen Berlin und Stettin ersparte sie fortan zweieinhalb Stunden in vier Schleusenkammern.

Um eine Vorstellung von den Dimensionen des Hebewerks zu bekommen, ein paar Fakten: Der Trog, in dem die Schiffe schwimmen, ist 12 Meter breit und 82,5 Meter lang. Da fehlt nicht viel zur Länge eines Fußballplatzes. Das Gewicht des zu hebenden Trogs beträgt stets 4.290 Tonnen – egal, ob mit Schiffen oder ohne Schiffe (= archimedisches Prinzip). Der Trog hängt an 256 Stahlseilen, die fast so dick wie Coladosen sind. Und diese Seile wiederum laufen über Seilscheiben zu den ausgleichenden Gegengewichten aus Stahlbeton. Vier Motoren von der Stärke eines Kleinwagens genügen, um – der Physiker würde sagen – beim Hubprozess die Massenträgheit und die Reibungskräfte zu überwinden.

DAS HEBEWERK IN NIEDERFINOW ist das älteste noch arbeitende Schiffshebewerk Deutschlands. Aber nicht mehr lange. Direkt neben dem betagten Schiffshebewerk steht schon ein neues, samt eigenem neuen Kanalabschnitt. Bereits 2015 sollte es den Betrieb aufnehmen, 2021 war man immer noch am Basteln – nichts Ungewöhnliches in Berlin und Brandenburg. Wenn das neue Werk einmal eröffnet ist, können Containerschiffe mit 104 TEU den Weg von der Ostsee nach Berlin antreten. Die Fahrt im Trog wird dann deutlich schneller vonstattengehen – ein wenig schade für die künftigen Besucher. Die längste Trogfahrt kann man übrigens in China machen: Das Schiffshebewerk am Yangtse-Drei-Schluchten-Staudamm ist sage und schreibe 113 Meter hoch! Okay, da kann Niederfinow nicht mithalten. Im Nu vorbei ist die Tour durch das Schiffshebewerk auf dem Oder-Havel-Kanal aber nicht. Schließlich geht es nicht nur hoch, sondern auch wieder runter. Man muss nur warten, bis das Signal auf Grün springt. Dann sagt der Kapitän: »Wir machen uns jetzt passgenau.« Und fährt schweigend in den Trog ein.

WENN MAN SCHON MAL **HIER** IST:
Die Gegend ist wie geschaffen für eine entspannte Radtour mit Start und Ziel in Eberswalde, das man von Berlin spielend mit der Bahn erreicht. Entlang des Finowkanals, eines malerischen, über 400 Jahre alten Wasserlaufs, führt ein idyllischer Radweg ⇨ nach Niederfinow (Länge etwa 12 Kilometer). Der Radweg trägt auch den Namen **Treidelweg**, denn die Kähne wurden hier einst von Pferden und selbst von Menschen »getreidelt« (= gezogen).

DARK TOURISM IM NATURPARK BARNIM

RADTOUR ZU RELIKTEN UNTERGEGANGENER DIKTATUREN

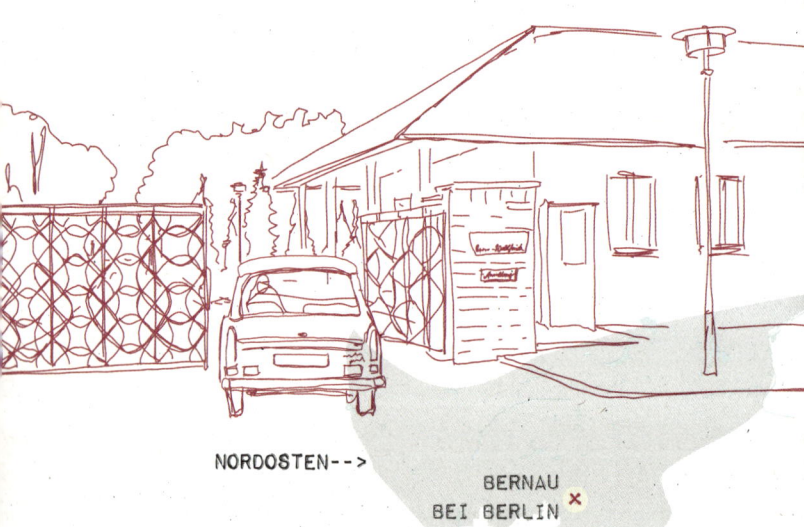

NORDOSTEN-->

BERNAU BEI BERLIN ×

+ + + S T E C K B R I E F + + +
WO? 47 KILOMETER LANGE RUNDTOUR MIT START UND ZIEL IN 16321 BERNAU BEI BERLIN +++ BERNAU IST VON BERLIN HBF. MIT DER RE3 IN 20 MINUTEN ZU ERREICHEN +++ ROUTE: BERNAU - WALDSIEDLUNG WANDLITZ - LIEPNITZSEE - BOGENSEE - LANKE - BIESENTHAL - BERNAU +++ WANN? IMMER +++ WIE LANGE? TAGESTOUR +++ WIE VIEL? KOSTENLOS +++

KOSTENLOS

MARKTTAG IN BERNAU BEI BERLIN.

Wir schieben unsere Räder über die Bürgermeisterstraße. An Ständern hängen Kittelschürzen. Krakauer aus Polen werden angeboten. In Kisten stapeln sich gebrauchte Groschenromane. Lautes, buntes Treiben? Fehlanzeige. Abseits der Berliner Stadtgrenze ist die Welt eine andere. Doch wir halten uns ohnehin nicht lange auf in den Bernauer Altstadtzeilen. Wollen weiter. Wollen uns ein paar Orte angucken, die der typische Brandenburgtourist eher nicht auf seiner Liste stehen hat. Parallel zur Wandlitzer Chaussee radeln wir am Bauhaus Denkmal Bundesschule Bernau (siehe S. 83) vorbei zur Waldsiedlung Wandlitz. Was nach Tannenzapfenidylle und Forsthausromantik klingt, war zu DDR-Zeiten eine No-go-Area, um die sich viele Mythen rankten.

IN DER STRENG ABGESCHIRMTEN Waldsiedlung wohnte die SED-Elite. Hunderte Bedienstete sorgten dafür, dass es Honecker, Mielke, Schabowski, Krenz & Co jemütlich hatten. Sie bekamen Westware geliefert, während das Volk am Konsum anstand. Es gab ein eigenes Kino und eine Schwimmhalle.

Ein wenig enttäuscht kurven wir durch das Areal, das hinter vorgehaltener Hand auch »Bonzenhausen« genannt wurde. Denn ganz so bonzig sieht's hier gar nicht aus. Weit verstreut stehen die Häuser im immerdunklen Wald. Wie ihre Bewohner von einst wirken sie farblos, freudlos, spießig. Heute sind sie Teil einer Klinik. Kein verblasster Protz erwartet uns. Nicht mal im Habichtweg 5, wo Erich und Margot lebten.

Dafür funkelt uns der Liepnitzsee nur wenige Radminuten weiter an. Hügelige Ufer, sandige Badestellen, glasklares Wasser. Ein Idyll. Doch schon bei unserem nächsten Ziel, dem Bogensee, ist die Idylle wieder trügerisch. Wir radeln hinein in einen riesigen Lost Place, durch den nur noch der Wind pfeift: die einstige FDJ-Hochschule Wilhelm Pieck. Der langsam verwildernde Megakomplex in ergrautem Ockergelb entstand in den 1950er-Jahren im Stil des klassizistischen Realismus. Aus den Dächern wächst Gebüsch.

UMS ECK STEHT DIE VILLA BOGENSEE.

Ein abweisendes Haus. Kein Mensch wohnt darin. Wohnte je darin. Die grimmig dreinblickende Villa, vor deren Eingang sich zwei mittlerweile kopflose Statuen umarmen, gehörte einem Monster: Joseph Goebbels. Der ewig untreue Propagandanazi nutzte sie als Liebesnest im XXL-Format: 30 Zimmer, ein Filmsaal. Durch bodentiefe Panoramafenster können wir ins Innere blicken, sehen blau-weiße Bodenfliesen und braune Kassettendecken. Es ist ein Ort, der gruseln lässt.

Ganz anders wieder unser nächster Stopp: Lanke. Am Schloss vorbei rollen wir hinab zum See. Essen Fischbrötchen hinterm Strand. Der Obersee ist der letzte, den wir auf unserer Tour ansteuern. Strandbad Wukensee in Biesenthal lassen wir links liegen, legen dafür noch eine Pause unter der mächtigen Eiche am Marktplatz des Städtchens ein. Die letzte Etappe bringt uns an Wiesen und Wäldern und der Langerönner Mühle vorbei zurück nach Bernau. Der Markt hat sich aufgelöst. Jetzt darf man auf der Bürgermeisterstraße wieder radeln.

WENN MAN SCHON MAL **HIER** IST:

Der Landkreis Barnim bietet noch mehr spooky places. Einer davon ist der **Honeckerbunker** aus den späten 1970er-Jahren (bunker5001.com), der irgendwann einmal der Öffentlichkeit als Museum zugänglich gemacht werden soll. Mitten in der Schorfheide befand sich auch **Carinhall** ⟶, das Gut Hermann Görings, das 1945 gesprengt wurde. Erhalten sind nur die Fundamente der Toranlage und Mauerreste, die im Wald zwischen Großdöllner See und Wuckersee verstreut liegen.

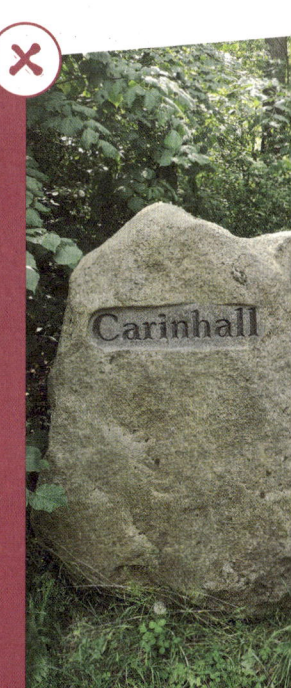

WENN MAN SCHON MAL IM NORDOSTEN BRANDENBURGS IST

+++ SEHEN +++
+++ ESSEN +++
+++ AUSSPANNEN +++
+++ SHOPPEN +++
+++ SCHLAFEN +++

+++++++++++++ SEHEN +++++++++++++

KLOSTER CHORIN □↑

Luftlinie etwa sechs Kilometer nordwestlich des Schiffshebewerks Niederfinow steht inmitten des Biosphärenreservats Schorfheide-Chorin das Kloster Chorin – ein Ort, der viel Atmosphäre atmet. Erbaut wurde es im 13. Jahrhundert, doch bereits im 16. Jahrhundert wurde es wieder aufgelöst und war dann dem Verfall preisgegeben. Die kahlen Backsteingemäuer beherbergen heute mehrere Dauerausstellungen, u. a. über den Klosterbau, über den Alltag der Mönche und über den großen preußischen Baumeister Karl Friedrich Schinkel. Auf dem Gelände gibt es auch ein nettes Klostercafé. Am Wochenende finden Führungen über das Areal statt.

+++ AMT CHORIN 11A, 16230 CHORIN +++ KLOSTER-CHORIN.ORG +++ MÄRZ-OKT. TÄGL. 9-18 UHR +++ 6 EURO, ERM. 3,50 EURO +++

BAUHAUS DENKMAL BUNDESSCHULE BERNAU

Der Gebäudekomplex vier Kilometer nördlich von Bernau bei Berlin wurde von den Architekten Hannes Meyer und Hans Wittwer als Bundesschule des Allgemeinen Deutschen Gewerkschaftsbundes entworfen und zwischen 1928 und 1930 erbaut. Seit 2017 steht die Schule (mittlerweile Hannes-Meyer-Campus) auf der UNESCO-Welterbeliste. Eine Augenweide ist der lichtdurchflutete Speisesaal.

+++ HANS-WITTWER-STR. 7, 16321 BERNAU BEI BERLIN +++ BAUHAUS-DENKMAL-BERNAU.DE +++ FÜHRUNGEN DO, SA U. SO 11.30 UHR UND 14.30 UHR +++ 8 EURO, ERM. 6 EURO +++

JAGDSCHLOSS SCHORFHEIDE

Die Macht fühlte sich schon immer wohl in den ewigen Jagdgründen der Schorfheide. Könige und Kaiser gingen hier genauso auf die Pirsch wie Politiker der Weimarer Republik und die Blut und Tod liebenden Nazis. Die Dauerausstellung »Jagd und Macht« des Jagdschlosses Schorfheide im Dörfchen Groß Schönebeck passt deswegen in diese Gegend wie der Deckel auf den Topf. Das Jagdschloss wurde um 1540 errichtet. Sein heutiges Aussehen erhielt es von König Friedrich Wilhelm III. Anfang des 19. Jahrhunderts.

+++ SCHLOSSSTR. 7, 16244 SCHORFHEIDE +++ SCHORFHEIDE-MUSEUM.DE +++ TÄGL. (AUSSER MO) 10-12.30 UHR UND 13-17 UHR +++ 7 EURO, ERM. 4 +++

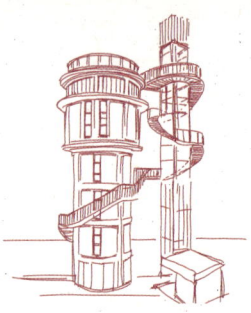

BIORAMA-PROJEKT

Im Jahr 2003 kaufte das englische Ehepaar Richard Hurding und Sarah Phillips einen historischen Wasserturm, verwandelte ihn in ein Wohnhaus und bastelte für die Allgemeinheit eine spektakuläre Aussichtsplattform obenauf. Diese ist über einen Aufzug oder eine Wendeltreppe zu erreichen. Nach dem Blick über die Schorfheide kann man in der sogenannten Weißen Villa auf demselben Areal noch Kunst gucken, die in wechselnden Ausstellungen gezeigt wird. Fazit: ein spannender, fast urbaner Ort in ländlicher Idylle. Und ein Café gibt es auch.

+++ AM WASSERTURM 1, 16247 JOACHIMSTHAL +++ BIORAMA-PROJEKT.ORG +++ APRIL-OKT. DO-SO 11-18 UHR +++ 4 EURO. ERM. 1 EURO +++

WILDPARK SCHORFHEIDE

Ein Ausflugsziel für Familien mit Kindern. Wollschwein, Rotwild, Wisent, Landschaf, Luchs und viele andere Tiere kann man in riesigen Gehegen beobachten. Selbst der Wolf ist da. Es gibt auch ein Wolfsinformationszentrum und bei Vollmond hin und wieder sogenannte »Wolfsnächte« mit Vortrag, Büfett und nächtlicher Wanderung zu den Tieren.

+++ PRENZLAUER STR. 16, 16244 SCHORFHEIDE OT GROSS SCHÖNEBECK +++ WILDPARK-SCHORFHEIDE.DE +++ TÄGL. 9-19 UHR +++ 9 EURO. ERM. 6,50 EURO +++

 ESSEN

CAFÉ WILDAU

Kein Café, sondern das Restaurant des gleichnamigen Hotels (siehe S. 87) am Werbellinsee. Die Seeblickterrasse ist ein Traum, und die ambitionierte neubrandenburgische Küche (Carpaccio vom Reh, Molkeschweinfilet mit Calvadosjus, auch Vegetarisches) kann sich ebenfalls sehen lassen.

+++ WILDAU 19, OT EICHHORST, 16244 SCHORFHEIDE +++ CAFE-WILDAU.DE +++ 033363/52630 +++ TÄGL. 12–20.30 UHR +++

ALTE KLOSTERSCHÄNKE

Rustikales Restaurant in schöner Lage am Amtssee neben dem Kloster Chorin. Gutbürgerliche Küche zwischen Wildgulasch und Schnitzel zu zivilen Preisen.

+++ AM AMT 9, 16230 CHORIN +++ ALTEKLOSTERSCHANKE. DE +++ 033366/530100 +++ FR-SO 12–18 UHR +++

CAFÉ DES ÖKODORFS BRODOWIN

Im Café des Ökodorfs Brodowin (siehe S. 87) gibt es zu zünftiger Landluft ein kleines Mittagsangebot und Eis aus Ziegenmilch.

+++ BRODOWINER DORFSTR. 89, 16230 CHORIN +++ BRODOWIN.DE +++ 033362/246 +++ APRIL-OKT. TÄGL. 9–18 UHR, SONST 10–17 UHR +++

ALTE POST EBERSWALDE

Cooler Coworking Space und Café im historischen Backsteinhäuschen der ehemaligen Paketannahmestelle. Kaffee, Schnittchen und Kuchen im hyggelig-hipsteresken Ambiente mit vielen Pflanzen.

+++ EISENBAHNSTR. 101, 16225 EBERSWALDE +++ ALTEPOST.HAUS +++ MO-FR 8–18 UHR, SA/SO AB 10 UHR +++

AUSSPANNEN

FAMILIENGARTEN EBERSWALDE

Das direkt am Finowkanal gelegene Gelände bietet Spaß für die ganze Familie. Eines der Highlights: die Tretboottour auf den Industriekanälen im Untergrund eines alten Walzwerks.

+++ AM ALTEN WALZWERK 1, 16228 EBERSWALDE +++ FAMILIENGARTEN-EBERSWALDE.DE +++ APRIL-OKT. TÄGL. 10-18 UHR +++ 4 EURO, ERM. 2 EURO +++

WERBELLINSEE ↗

Der lange, schmale Werbellinsee nördlich von Eberswalde ist ein von bewaldeten Hügeln umgebenes Idyll. Es gibt mehrere schöne Badestellen und eine Reihe von Campingplätzen, auch mit dem Dampfer kann man fahren.

+++ MEINWERBELLINSEE.DE +++

SHOPPEN

FISCHEREI WERBELLINSEE

Verkauf von Frischfisch aus dem See, aber auch von Räucherfisch. Angeschlossen das rustikale Ausflugslokal Zum Seewolf mit Selbstbedienung und Terrasse zum Wasser.

+++ SEERANDSTR. 16, 16247 JOACHIMSTHAL +++ FISCHEREI-WERBELLINSEE.DE +++ MI-SO 9-17 UHR +++

ÖKODORF BRODOWIN
Demeter-Biobetrieb, der über 100 Menschen der Region Arbeit gibt. Angeschlossen eine Schaumolkerei, ein Café (siehe S. 85) und ein gut sortierter Hofladen.
+++ BRODOWINER DORFSTR. 89, 16230 CHORIN +++ BRODOWIN.DE +++ APRIL-OKT. TÄGL. 9-18 UHR, SONST 10-17 UHR +++

++++++++++ SCHLAFEN ++++++++++

CAFÉ WILDAU
Hinter dem verwirrenden Namen versteckt sich ein Drei-Sterne-Superior-Hotel in einer Neubauvilla in schönster Lage am Ufer des Werbellinsees. Zwölf helle, leicht nostalgische Zimmer, die meisten mit See- bzw. Waldblick. Gutes Restaurant (siehe S. 85). Privatstrand. DZ ab ca. 89 Euro zzgl. Frühstück.
+++ WILDAU 19, OT EICHHORST, 16244 SCHORFHEIDE +++ CAFE-WILDAU.DE +++ 033363/52630 +++

CAMPINGPLATZ TRIANGEL
Ein idyllisches, liebevoll gestaltetes Fleckchen Erde am Finowkanal. Leider nur acht Stellplätze, daher unbedingt reservieren. Freundliche Betreiber. Angeschlossen ein Imbiss, in dem es einmal etwas anderes gibt als Currywurst oder Bulette, z. B. selbst gebackener Kuchen und auch Vegetarisches. Für zwei Personen mit Wohnmobil und Strom 21 Euro.
+++ DORFSTR. 31, 16248 NIEDERFINOW +++ CAMPING-NIEDERFINOW.DE +++ 033362/70437 +++

4 OSTEN

ERLEBEN +++

ÖSTLICH VON BERLIN erwarten einen durchaus charaktervolle Landschaften. Die Märkische Schweiz hat mit Bergen wie in den Alpen zwar wenig gemein (höchste Erhebung 129 Meter), bietet aber dennoch die volle Kanne Natur mit etlichen Seen. Weiter östlich zur Grenze nach Polen hin erstreckt sich das Oderbruch. Die tief liegende Flusslandschaft mit ihren unendlichen Feldern, Alleen und einzeln stehenden Gehöften ist von poetischer Schönheit. Auch nicht zu verachten: das märchenhafte Schlaubetal bei Eisenhüttenstadt.

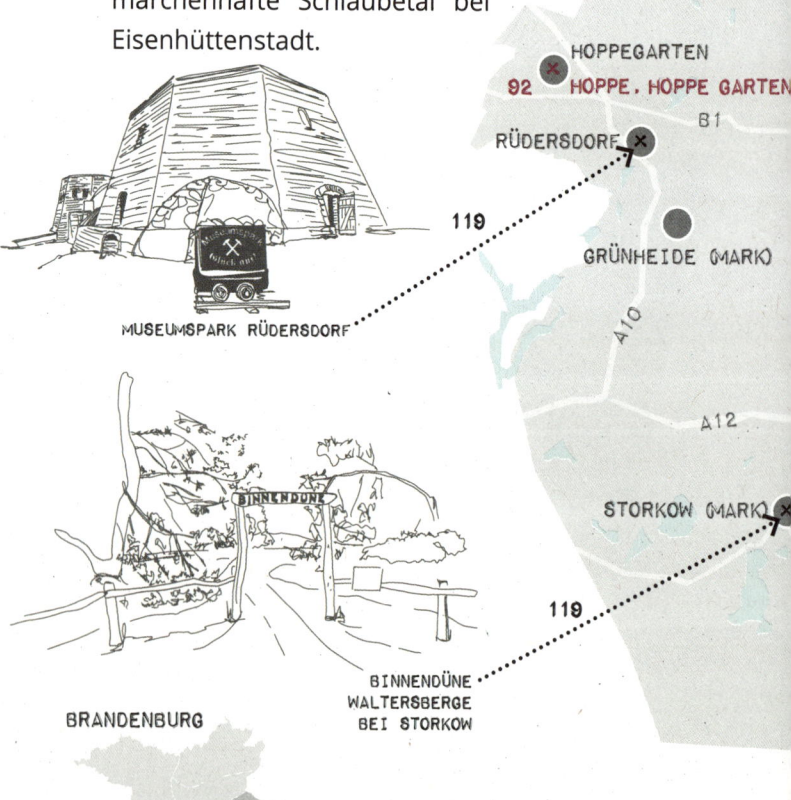

<--OSTEN

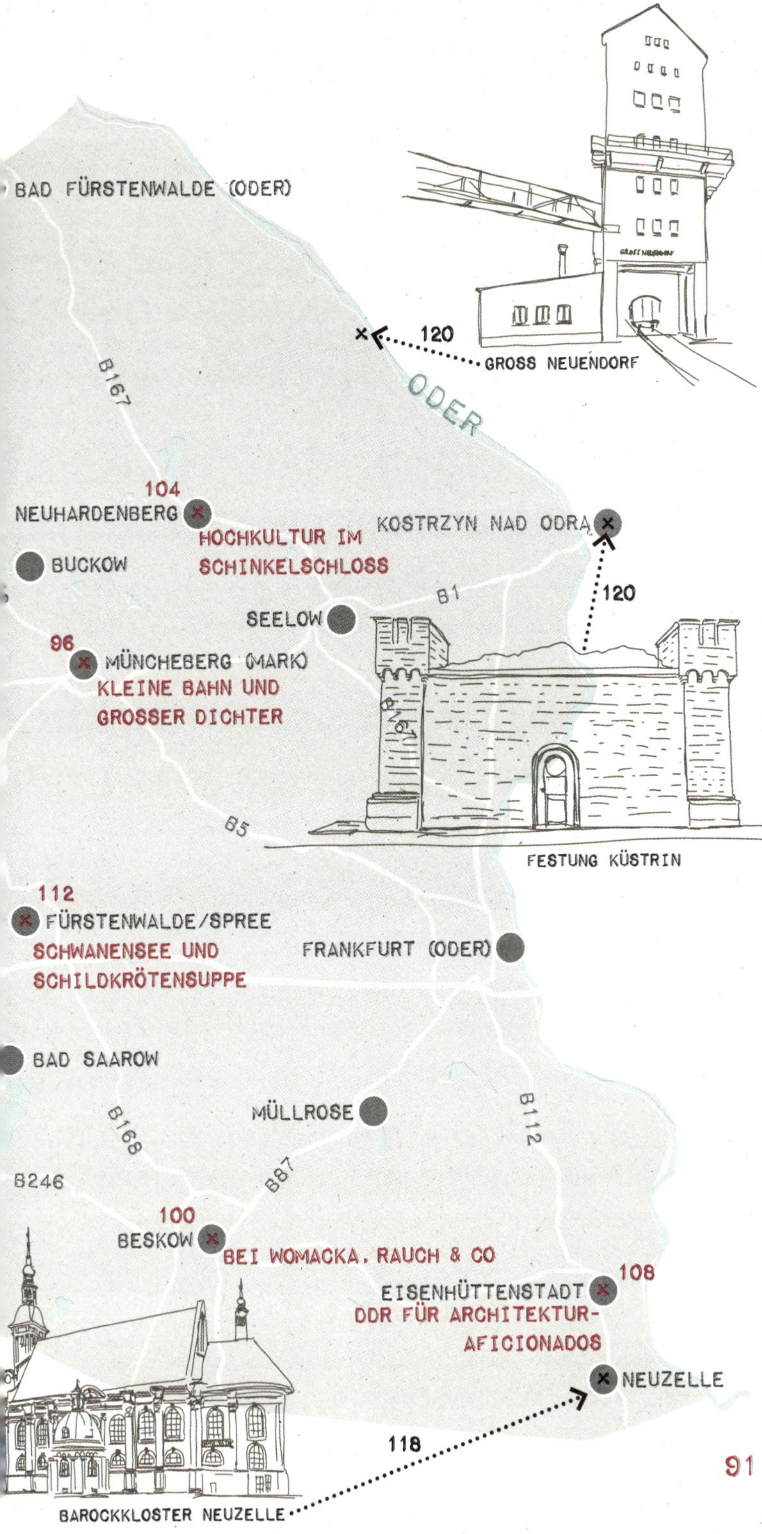

BAD FÜRSTENWALDE (ODER)

B167

ODER

×···· 120
···· GROSS NEUENDORF

104
× NEUHARDENBERG
HOCHKULTUR IM SCHINKELSCHLOSS

BUCKOW

KOSTRZYN NAD ODRĄ ×

B1

SEELOW

96
× MÜNCHEBERG (MARK)
KLEINE BAHN UND GROSSER DICHTER

120

B5

FESTUNG KÜSTRIN

112
× FÜRSTENWALDE/SPREE
SCHWANENSEE UND SCHILDKRÖTENSUPPE

FRANKFURT (ODER)

BAD SAAROW

B168

MÜLLROSE

B112

B246

B87

100
BESKOW ×
BEI WOMACKA, RAUCH & CO

108
EISENHÜTTENSTADT ×
DDR FÜR ARCHITEKTUR-AFICIONADOS

× NEUZELLE

118

BAROCKKLOSTER NEUZELLE

4

OSTEN

HOPPE, HOPPE GARTEN

AUF DER GALOPPRENNBAHN IN HOPPEGARTEN

+ + + **S T E C K B R I E F** + + +
WO? RENNBAHNALLEE, 15366 HOPPEGARTEN +++ VON BERLIN OSTKREUZ MIT DER S5 NACH HOPPEGARTEN. VOM BAHNHOF NOCH 5 FUSSMINUTEN; WEG GESAMT CA. 30 MINUTEN +++ WANN? ETWA 10 RENNTAGE IM JAHR. ERSTES RENNEN MEIST GEGEN 13 UHR. ENDE DER VERANSTALTUNG GEGEN 18 UHR +++ HOPPEGARTEN.COM +++ WIE LANGE? EIN NACHMITTAG +++ WIE VIEL? AB 7 EURO +++

GÜNSTIG, FAMILIENFREUNDLICH

ZAMPANO. VICENTE. Lassen an Anthony Quinn als den großen Kettensprenger denken. Und an die Heimat Cesária Évoras, an Musik und Meeresrauschen. Wir setzen zehn Euro. Zweier-Kombi-Wette. Soll heißen: Unsere zwei Pferde, auf die wir gewettet haben, müssen als Erste ins Ziel kommen. Reihenfolge egal. Dann regnet es Asche.

Es sind nur noch wenige Minuten bis zum Start, dem Start des fünften Rennens am heutigen Tag. Ein Rennen für Pferde ab drei Jahren. Die Tiere betreten die Startboxen. 1.600 Meter auf dem Turf liegen vor ihnen. Heitere Aufregung flirrt durch die Luft. Das Publikum zieht es ans Geläuf und auf die Tribünen. Man spürt, dass da gleich etwas passiert. Spannung breitet sich aus. Eine Spannung, die mit dem Startschuss in der Ferne beginnt und mit dem Einlauf auf der Zielgeraden ihren Höhepunkt haben wird.

HOPPEGARTEN STEHT FÜR GALOPPRENNSPORT

wie kaum ein anderer Ort in Deutschland. Das Hoppe hat dabei nichts mit *Hoppe, hoppe Reiter* zu tun. Es erinnert daran, dass hier einst Hopfen angebaut wurde. Hoppegarten war im Kaiserreich eine der mondänsten Rennbahnen Europas. Zu Glanzzeiten trainierten hier bis zu 1.500 Galopper. Und noch immer strahlt die Rennbahn mit ihren Backsteinbauten und Kastanienbäumen Größe aus. Die Haupttribüne im Bauhausstil ist eine Augenweide.

Doch so glamourös wie damals geht es heute nicht mehr zu. Das Publikum ist mehr Berlin und Brandenburg als Baden-Baden oder Paris. Schlürft Rotkäppchen statt Pommery. Lediglich links von uns, auf der Klubtribüne, sieht man den Geldadel. In Schale geworfen und mit Hüten, für die man den Kofferraum freiräumen muss. Auf dem Grün vorm Geläuf hingegen sitzen Familien und picknicken auf bunten Decken.

Gemütlich geht es in den Rennpausen zu. Dann wird getratscht. Dann wird zum Führring geschlendert, wo die Pferde des nächsten Rennens defilieren. Die stolze Parade fürs Publikum mit ordentlich Gewieher. Ein Pferd steigt hoch, ganz temperamentvoll. Wer etwas von Pferden versteht, erkennt den Favoriten. Wir setzen auf klangvolle Namen.

VICENTE KLINGT NICHT NUR GUT. Der dunkelbraune Wallach macht anscheinend auch bei den Zockern Eindruck. Auf Vicente liegt das meiste Geld. Vicente wird von Andrasch Starke geritten, dem erfolgreichsten Jockey Deutschlands und ein Spargeltarzan wie alle Jockeys. Zampano hingegen floppte zuletzt, heimste aber im Jahr zuvor vier Siege ein. Starke sitzt in Gelb im Sattel. Zampanos Jockey trägt rote Kappe. Die Farben muss man sich merken, will man die Pferde auseinanderhalten.

Der Start ist erfolgt. Lady O'Connor geht in Führung. »Dahinter Vicente«, dröhnt es aus den Lautsprechern. Und: »An letzter Position, das ist Zampano.« So schnell ändert sich daran nichts. Nach 1.000 Metern verlässt das Feld den Dahlwitzer Bogen. Eine grüne Kappe geht an die Spitze. Vicente nun an dritter Stelle. Noch 250 Meter bis zum Finish. »Vicente jetzt leicht vorn«, hören wir. Und ganz außen setzt Zampano zum Überholen an. Die rote Kappe! Jeder hält den Atem an. Mit 60 Sachen jagt Vicente auf der Zielgeraden an uns vorbei – und gewinnt. Die weiteren Farben: Grün, Blau, Schwarz …

WENN MAN SCHON MAL HIER IST:
Nur sechs Kilometer nördlich von Hoppegarten liegt die fotogene Kleinstadt **Altlandsberg** □→. Am kopfsteingepflasterten Marktplatz verkauft die **Wildfarm Werneuchen** Fleisch vom Wildschwein, Bison oder Büffel (wildfarm-werneuchen.de). Etwas weiter stand einst ein Barockschloss, das bereits 1757 abbrannte. Erhalten blieb das ehemalige Brau- und Brennhaus. Dort wird heute wieder Bier gebraut und rustikal gekocht (schlossgut-altlandsberg.de).

KLEINE BAHN UND GROSSER DICHTER

MIT DER BUCKOWER KLEINBAHN ZUM BRECHT-WEIGEL-HAUS

OSTEN-->   x MÜNCHEBERG (MARK)

+ + + **STECKBRIEF** + + +
+++ **WO?** START UND ENDE UNSERER TOUR AM BAHNHOF MÜNCHEBERG (MARK) +++ MÜNCHEBERG (MARK) ERREICHT MAN VON BERLIN OSTKREUZ MIT DER RB26 IN 40 MINUTEN +++ **WANN?** DIE BUCKOWER KLEINBAHN VERKEHRT ZWISCHEN MÜNCHEBERG (MARK) UND BUCKOW VON MAI BIS SEPTEMBER AM SAMSTAG UND SONNTAG JE 7-MAL TÄGLICH. ABFAHRTSZEITEN AUF BUCKOWER-KLEINBAHN.DE +++ ÖFFNUNGSZEITEN DES BRECHT-WEIGEL-HAUSES AUF BRECHTWEIGELHAUS.DE +++ **WIE LANGE?** REINE FAHRZEIT DER BAHN 12 MINUTEN; FÜR DAS GESAMTE ABENTEUER SOLLTE MAN EINEN TAG EINPLANEN +++ **WIE VIEL?** BAHN HIN UND ZURÜCK 5 EURO. ERM. 2,50 EURO; BRECHT-WEIGEL-HAUS 4 EURO. ERM. 3 EURO +++

GÜNSTIG, FAMILIENFREUNDLICH

DEN WOLPERTINGER GIBT'S IN BAYERN.

Thüringen hat den Rasselbock, die Pfalz den Elwetritsch. Und Brandenburg: die Buckower Kleinbahn. Auch ein Mischwesen. Halb S-Bahn, halb Straßenbahn. Und der Fahrschalter ist ein Wartburg-Lenkrad. »Erbaut im RAW Schönheide«, erklärt Helmut Medow, einstiger Lokführer und heutiger Ehrenlokführer. Er trägt seine alte Reichsbahn-Uniform. Mit Schirmmütze und Knöpfen, die golden glänzen. Er ist stolz auf seine Uniform. »Die von heute kannste ja nicht anziehen.« Er lässt uns in den Fahrstand blicken und vor jedem Bahnübergang Luft durchs Signalhorn jagen. Ihm und einem urigen Verein ist es zu verdanken, dass diese Bahn aus den frühen 1980ern noch fährt, heute allerdings als Museumsbahn. Auf einer fünf Kilometer langen Strecke, die niemals länger war.

LANGE DAUERT DIE FAHRT deswegen auch nicht. Nur etwa zwölf Minuten ist man unterwegs, inklusive eines Zwischenhalts auf halber Strecke in Waldsieversdorf. Die Tour ist kein großes Ding, eher ein skurriles kleines Erlebnis, das Laune macht. Wir sitzen auf Bänken, die knallrot sind wie ein Ferrari. Neben uns krähen Kinder vergnügt, während die Wälder der Märkischen Schweiz vorüberziehen. Als wir Kinder waren, rochen Zugabteile so, wie die Buckower Kleinbahn noch heute riecht. Gerüche vergisst man nie.

Die Buckower Kleinbahn gibt es seit über 100 Jahren. Mehrmals stand sie vor dem Aus. Schon zu DDR-Zeiten wollte man mal den Betrieb einstellen. Doch der Mangel an Omnibussen und die Beliebtheit Buckows als Ferienort sorgten dafür, dass die Ingenieure in Schönheide zusammenschrauben mussten, was sie gerade hatten. »Wie das halt so war in der DDR, wa!«, kommentiert der Ehrenamtliche, der uns nach unserer Ankunft in Buckow durchs kleine Bahnhofsmuseum führt. Es hat die Größe zweier Garagen und stapelt sein wildes Sammelsurium an Exponaten bis unter die Decke: Zugschilder, Schaffnerlampen, Epauletten, Signalkellen und alte Druckmaschinen, die die Pappfahrkarten von einst ausspuckten.

SPAZIERGANG DURCH BUCKOW! Der Ort bietet sich dank der fünf Seen vor der Tür als Kneipp-Kurort nur so an. An einer der Wassertretstellen staksen auch wir im Storchenschritt um ein Geländer. Danach steigen wir zum Kirchlein auf und durchstreifen den Schlosspark, dem das Schloss abhandenkam. Über dem Ortskern und an den Ufern der Seen blicken wir in verwunschene Gärten märchenhafter Villen. Eine davon, heute ein Museum, diente dem Dramatiker Bertolt Brecht und seiner Frau Helene Weigel ab Anfang der 1950er-Jahre als Sommersitz. Das Wohnzimmer mit breiter Fensterfront zum Schermützelsee ist eine Augenweide. Kontakte zur Buckower Bevölkerung, die den Literaten für einen privilegierten Bonzen hielt, pflegte Brecht übrigens nicht. An seinen Verleger schrieb er aus Buckow: »Es ist wirklich ratsam, in Häusern und mit Möbeln zu wohnen, die zumindest 120 Jahre alt sind, also in früherer kapitalistischer Umgebung, bis man eine spätere sozialistische haben wird.«

WENN MAN SCHON MAL HIER IST:
Am Sonntag schön frühstücken? Kaffee und Kuchen? Drinks und Jazz? Alles möglich im **lokal.** ☐→ Das zentral in Buckow gelegene **lokal.** versteht sich als Familiencafé mit einem bunten Angebot für alle. Auch Touristen sitzen hier gerne, im Sommer in der Gasse davor an mit Blümchen geschmückten Tischen. Ein netter Ort für die Pause zwischen Buckower Kleinbahn und **Brecht-Weigel-Haus** (lokal-buckow.de).

BEI WOMACKA, RAUCH & CO

DDR-KUNST: FÜHRUNG DURCHS SCHAUDEPOT BEESKOW

OSTEN-->

BESKOW ×

+ + + S T E C K B R I E F + + +
WO? SPREEINSEL. ZUGANG ÜBER BURG BEESKOW. FRANKFURTER STR. 23, 15848 BEESKOW +++ VON BERLIN OSTKREUZ MIT DER RE1 NACH FÜRSTENWALDE. WEITER MIT BUS 403 NACH BEESKOW/SCHÜTZENSTRASSE. DANN NOCH 10 FUSSMINUTEN; WEG GESAMT CA. 90 MINUTEN +++ WANN? FÜHRUNGEN IN DER REGEL SONNTAGS UM 11 UHR, 12.30 UHR, 14 UHR UND 15.30 UHR. ANMELDUNG ERWÜNSCHT +++ UTOPIEUNDALLTAG.DE +++ WIE LANGE? CA. 90 MINUTEN +++ WIE VIEL? 9 EURO, ERM. 7 EURO +++

100 GÜNSTIG

HINTER DEN DICKEN FESTUNGSMAUERN

der Wasserburg Beeskow, wo das Mittelalter ganz nah scheint, ist heute DDR-Kunst zu Hause. Dachten wir, als wir im Burghof unter der alten Eiche saßen, wo wir auf den Beginn unserer Führung warteten. Wir stellten uns Gemälde und Plastiken vor, die einst Ministerien, Parteihochschulen oder Kultursäle schmückten, gestapelt in den modrigen Verliesen des Bergfrieds. Denn hieß es nicht, dass Herbert Schirmer, letzter Minister für Kultur der DDR und erster Burgherr nach der Wende, die DDR-Kunst Mecklenburg-Vorpommerns und Brandenburgs nach Beeskow hatte bringen lassen?

Pustekuchen. Wir werden geradewegs aus dem Burgareal hinausgeleitet auf einen blassen Zweckbau zu. Er beherbergte früher das Kreisarchiv und wurde unlängst zum Schaudepot des Archivs für Kunst aus der DDR-Zeit umgebaut.

EIN SCHAUDEPOT ist ein offenes Depot. Die Tür geht auf, und Michael Adam, der heute durchs Depot führt, begrüßt uns. Mit der sprichwörtlichen Tür sind wir ins Kunsthaus gefallen. Schon stehen wir vor einem Gemälde mit Ernst Thälmann darauf. Den Mann, der stets die rechte Faust zum Gruß erhebt, erkennt auch der Wessi. Das Bild stammt von Christian Heinze und entstand im Auftrag des Freien Deutschen Gewerkschaftsbundes. Herr Adam hilft einzuordnen und zu verstehen. Er ist ein Wissensteiler par excellence, seine Begeisterung ist ansteckend.

Mit unseren Hockern in der Hand folgen wir ihm auf Schritt und Tritt. Im nächsten Raum zieht er rollende, aufrecht stehende Gitter von 3,6 x 3,6 Metern hervor wie Schiebetüren. An diesen Gittern hängen Bilder von Walter Womacka, Willi Sitte oder Neo Rauch. Ob das nicht alles Auftragskunst war, fragt einer aus der Gruppe. »Ja, durchaus. Aber auch Michelangelo war Auftragskünstler«, antwortet Herr Adam. Alle Werke, die wir hier sehen, waren von Parteien und Massenorganisationen vergebene Arbeiten. Bezahlt nach der Honorarverordnung der DDR. Geschaffen von akademisch ausgebildeten Malern, die dem Verband Bildender Künstler der DDR angehörten.

ABERTAUSENDE WERKE LAGERN HIER. Gemälde, Grafiken, Zeichnungen. Das Auge fährt Karussell. Die Themen wiederholen sich, ohne langweilig zu werden: der Aufbau des Sozialismus, die Errungenschaften des Sozialismus, der »neue« Mensch. Die Themen wurden vorgegeben, Kritik am Staat war nicht erlaubt. Daher spiegelt das Archiv auch nicht das gesamte Kunstschaffen der DDR wider. Es zeigt »Staatskunst«, die nach der Wende aus dem öffentlichen Blickfeld verschwand.

Zum Schluss hocken wir vor den Plastiken. Kosmonaut Sigmund Jähn steht gegenüber im Regal. Karl Marx von Fritz Cremer ist dabei – mehr Bart hat ihm wohl kein Künstler verpasst. Herr Adam zeigt auf eine Liebknecht-Büste von Ruthild Hahne, einer Schülerin des Nazi-Künstlers Arno Breker und Mitbegründerin der heutigen Kunsthochschule Berlin-Weißensee. Die Bildhauerin verstarb 2001. Ihr Atelier in Pankow kann auf Anfrage besichtigt werden. Es ist voll mit Lenin-, Stalin- und Ulbricht-Büsten, verrät Herr Adam. Und macht uns neugierig. Sehr neugierig.

WENN MAN SCHON MAL HIER IST:
Östlich von Beeskow erstreckt sich das wildromantische **Schlaubetal** □→. Im gleichnamigen Naturpark klappern zahlreiche Mühlen am rauschenden, übrigens nur 20 Kilometer langen Bach. Man wandert durch tiefe Schluchten und nach Pilzen duftende Buchen- und Erlenwälder. Eine Märchenwelt, die auch »der böse Wolf« hin und wieder durchstreift (schlaubetal-naturpark.de).

HOCHKULTUR IM SCHINKELSCHLOSS

VERANSTALTUNGSREIGEN AUF SCHLOSS NEUHARDENBERG

NEUHARDENBERG ×

OSTEN -->

+ + + **STECKBRIEF** + + +
+++ **WO?** SCHINKELPLATZ, 15320 NEUHARDENBERG +++ NEUHARDENBERG IST EIN ZIEL FÜR SELBSTFAHRER (CA. 70 KILOMETER VON BERLIN); ODER MAN PACKT SEIN RAD IN BERLIN OSTKREUZ IN DIE RB26 UND FÄHRT BIS TREBNITZ (DAUER 1 STUNDE, VON DORT NOCH 9 KILOMETER) +++ **WANN?** VERANSTALTUNGEN GANZJÄHRIG, MEHRERE IM MONAT +++ SCHLOSS NEUHARDENBERG.DE +++ **WIE LANGE?** EIN ABEND +++ **WIE VIEL?** CA. 20-30 EURO +++ **WICHTIG!** DIE VERANSTALTUNGEN SIND SCHNELL AUSGEBUCHT. KÜMMERN SIE SICH FRÜHZEITIG UM TICKETS! +++

WIR SIND KEINE EXPERTEN in Sachen klassische Musik. Wir kennen Ravels *Boléro* oder Bizets *Carmen*. Und wenn der Chor »Jauchzet frohlocket« singt, wissen wir, es ist Bach. Avi Avitals Bachinterpretationen hingegen sind uns völlig neu. An einem warmen Augustabend sitzen wir unter einer offenen Bogendachkonstruktion auf einer Wiese vor dem Schloss Neuhardenberg und lauschen gebannt den zarten Mandolinenklängen des Israelis. Avital ist einer der besten klassischen Mandolinisten der Welt und wurde schon für den Grammy nominiert. Seine Bühnen sind normalerweise die der Carnegie Hall oder der Berliner Philharmonie. Heute Abend aber verzaubert Avital zusammen mit dem Jazz-Pianisten Omer Klein die aus den Dörfern und Kleinstädten der Umgebung angereisten Brandenburger mit einer Hommage an den großen Barockkomponisten.

KUNST UND KULTUR IN DIE PROVINZ zu bringen, ist das erklärte Ziel des Schlossherrn. Dahinter steckt keine natürliche Person, wie der Jurist sagen würde, sondern ein Bankenverein. Das klassizistische Schloss Neuhardenberg, ein Meisterwerk des preußischen Hofbaumeisters Karl Friedrich Schinkel, gehört dem Deutschen Sparkassen- und Giroverband. Dieser erwarb das Anwesen 1997 von den Grafen von Hardenberg, denen es ein Jahr zuvor restituiert worden war. Die Hardenbergs lebten hier bis zu ihrer Enteignung durch die Nationalsozialisten im Jahr 1945 – Gutsherr Carl-Hans Graf von Hardenberg war im Widerstand gegen Hitler aktiv gewesen. Der Sparkassen- und Giroverband ließ das Schloss renovieren und gründete eine Stiftung, die nicht nur das Hotel darin betreibt, sondern auch ein Veranstaltungsprogramm auf die Beine stellt, das selbst kulturell satt gegessene Berliner ins Auto steigen lässt. Kein Wunder bei diesem Aufgebot. Theater, Musik, Literatur, Gespräche – alles ist möglich. Martina Gedeck kann man auf Schloss Neuhardenberg genauso begegnen wie Max Raabe, Ulrich Tukur oder Senta Berger bei einer Arthur-Schnitzler-Lesung.

UND HEUTE STREIFT AVI AVITAL diesem schönen Sommerabend dank seiner Mandoline ein ganz besonderes Kleid über. Die Akustik ist vom Feinsten, die Bühne stilvoll-minimalistisch. Wir nippen am Weißwein, die nackten Füße im weichen Sommergras. Hin und wieder lassen wir den Blick durchs Publikum schweifen. Familien mit Kindern sind darunter, ältere Herren in ihrem vermeintlich besten Anzug, dazwischen ein paar Paradiesvögel. Die Bäume um uns herum tragen Lichterketten. Dahinter erstreckt sich ein weitläufiger Landschaftspark, der im 19. Jahrhundert von den Gartenbaugöttern Peter Joseph Lenné und Hermann Fürst von Pückler-Muskau angelegt wurde. Ein Pärchen schiebt dort seine Räder über einen Schotterweg. Wir sehen sie kurz innehalten, auch sie lauschen den Klängen der Mandoline und des Pianos. Wenig später dimmt der Tag sein Licht vollständig herunter. Das scheint der Startschuss für die Neuhardenberger Grillen zu sein, mit in die Musik einzustimmen.

WENN MAN SCHON MAL **HIER** IST, sollte man auf dem **Schlossareal** □→ auch übernachten. Zur Auswahl stehen 54 komfortable Dielenböden-Zimmer in der Remise und 2 Suiten. Das Programm nach dem Frühstück: die Ausstellung zur spannenden Schlossgeschichte besichtigen und einen Spaziergang durch den weitläufigen Park unternehmen. Zusammen mit der Veranstaltung am Abend zuvor das perfekte Weekend-Paket!

DDR FÜR ARCHITEKTUR-AFICIONADOS

EISENHÜTTENSTADT: SPAZIERGANG DURCH EINE SOZIALISTISCHE PLANSTADT

<--OSTEN

EISENHÜTTENSTADT ×

+ + + S T E C K B R I E F + + +
WO? START UND ZIEL DER TOUR IST DIE TOURISTENINFORMATION, LINDENALLEE 25, 15890 EISENHÜTTENSTADT +++ VON BERLIN HBF. FÄHRT DIE RE1 IN 90 MINUTEN NACH EISENHÜTTENSTADT. VOM BAHNHOF NOCH CA. 2 KILOMETER ZU FUSS ODER MIT BUS 453 IN DIE LINDENALLEE +++ WANN? IMMER +++ TOR-EISENHUETTENSTADT.DE +++ WIE LANGE? MIT FOTOSTOPPS UND MUSEUMSBESUCH 4-5 STUNDEN +++ WICHTIG! DEN FLYER SAMT KARTE ZUR TOUR BEKOMMT MAN VOR ORT IN DER TOURISTENINFORMATION; AUCH ALS DOWNLOAD ABRUFBAR +++ WIE VIEL? KOSTENLOS +++

»DU WARST IN MOSKAU UND MIAMI, in Mailand, Tokio und Neu Delhi, in Phnom Penh und Angkor Wat. Und wo war ich? In Eisenhüttenstadt.« Das sind die Lyrics des Songs *Eisenhüttenstadt* der Post-Punk-Band *Acht Eimer Hühnerherzen*. Nun sind auch wir in Eisenhüttenstadt. Viele Jahre nach Moskau, Miami, Mailand und Angkor Wat. Die Sonne lacht vom Frühlingshimmel. Voller Neugier machen wir uns auf zu einer Tour durch die sozialistische Planstadt, die entworfen wurde, als die DDR noch jung war und keine Plattenbauten kannte. Eisenhüttenstadt war als Idealstadt gedacht, in der Arbeiten, Wohnen und Erholen eine Symbiose eingehen sollten. Garniert mit Bauten, die dem sowjetischen Zuckerbäckerstil nacheiferten. Maßgeblich entworfen von dem Architekten Kurt W. Leucht, der zuvor an der Stalinallee, der heutigen Karl-Marx-Allee in Berlin, mitgewirkt hatte.

AUCH EISENHÜTTENSTADT HIESS MAL ANDERS,
bis 1961 Stalinstadt. Aus der Taufe gehoben wurde das Vorzeigeprojekt zusammen mit dem ersten Großstahlwerk der DDR, dem Eisenhüttenkombinat Ost. Wir starten unseren Spaziergang auf der Lindenallee. Eine überbreite Straße, wenig Verkehr, viele freie Parkplätze. Leere auch auf den Gehwegen. Zu DDR-Zeiten hatte die Stadt noch über 50.000 Einwohner. Seit der Wende hat sich deren Zahl mehr als halbiert. Wir passieren das einstige Textilkaufhaus Magnet, das heutige Lindenzentrum, an dessen Mosaikwand eine von Walter Womacka kreierte Friedenstaube aufsteigt. Wir überlegen, was wohl früher im Friedrich-Wolf-Theater auf dem Spielplan stand. Mit seinen Säulen und dem Giebeldreieck wirkt es ein wenig wie ein antikes Tempelchen.

Wir spazieren hinein in die sogenannten Wohnkomplexe – vor allem die Komplexe I–III sind sehenswert. Sie sind je nach Bauzeit unterschiedlich gestaltet, meist vier- oder fünfstöckige Zeilen, manche mit Arkaden und historisierenden Erkern, andere mit folkloristischen Reliefs und Malereien. Allen gemein sind die riesigen begrünten Innenhöfe. Leere Bänke gruppieren sich um leere Wasserbecken, die hier und da eine Akt-Skulptur schmückt.

AUCH AM DOKUMENTATIONSZENTRUM

Alltagskultur der DDR führt der Weg vorbei. Das kleinfeine Museum ist in einem schmucken Bau untergebracht. Mit der ockerfarbenen Fassade und der Balustrade auf dem Dach hat das Gebäude fast Kurbadcharakter. Dabei war es mal eine Kindertagesstätte. Die Dauerausstellung zeigt den Widerspruch zwischen dem, was die DDR versprach, und dem, was den Alltag der Menschen ausmachte. Familie und Arbeit, Bildung und Konsum gehören zu den Themen. Die Exponate – darunter Kleider aus dem Kunstfasermaterial Präsent 20, aber auch eine kanariengelbe Schwalbe – lassen lächeln, staunen und erschrecken.

Mit dem Kopf voller Gedanken schlendern wir weiter durch die stille Stadt. Finden den Weg zur ersten Selbstbedienungs-Kaufhalle Eisenhüttenstadts. Die Halle stammt aus den 1960er-Jahren und erinnert an die puristische Formensprache des Bauhaus. Das Gebäude steht leer. Nicht anders ergeht es dem Hotel Lunik. Einst das erste Haus am Platze, heute ein Lost Place.

WENN MAN SCHON MAL **HIER** IST:

Eisenhüttenstadt entstand im Schatten des historischen Schifferstädtchens Fürstenberg (Oder) □→, das heute wiederum ein Ortsteil von Eisenhüttenstadt ist. Ein Spaziergang hindurch ist kurz, aber nett. Eine Backsteinkirche überblickt die Oder, am hübschen Marktplatz steht ein gelbes Rathaus. Dort kann man auch gut essen: Das **Restaurant Bollwerk 4** serviert Gerichte wie Pferdefleischroulade oder kalte Kartoffelsuppe mit Pfifferlingstatar (bollwerk4.de).

SCHWANENSEE UND SCHILDKRÖTENSUPPE

MÜGGELSPREE:
MIT DEM KANADIER VON FÜRSTENWALDE NACH HANGELSBERG

<--OSTEN

× FÜRSTENWALDE/SPREE

+ + + S T E C K B R I E F + + +
WO? START DER TOUR IN 15517 FÜRSTENWALDE. ENDE IN 15537 HANGELSBERG +++ FÜRSTENWALDE ERREICHT MAN MIT DER RE1 IN ETWA 30 MINUTEN VON BERLIN OSTKREUZ. VON HANGELSBERG BRINGT EINEN DIE RE1 AUCH WIEDER ZURÜCK NACH BERLIN +++ WANN? GANZJÄHRIG +++ KANU-SPREE.DE +++ WIE LANGE? MIT PAUSEN CA. 4 STD. (14 KILOMETER). MÖGLICH IST AUCH EINE LÄNGERE TOUR VON HANGELSBERG NACH ERKNER (23 KILOMETER, 6 STUNDEN) ODER EINE ZWEITAGESTOUR MIT ÜBERNACHTUNG IN HANGELSBERG +++ WIE VIEL? FÜR DEN ZWEIER-KANADIER INKL. ANLIEFERUNG 44 EURO/TAG +++ WICHTIG! IM SOMMER SONNENSCHUTZ NICHT VERGESSEN! +++

FAMILIENFREUNDLICH

AUF DIE MINUTE PÜNKTLICH wird unser Kanadier in Fürstenwalde angeliefert. Knallgelb, in der Farbe, wie Kinder die Sonne gerne malen. Es gibt eine kurze Einweisung und dann den Satz, den wir uns merken sollen: »Vor der großen Brücke rechts, dann kann nichts schiefgehen!« Und los. Wir gleiten ins Wasser. Ein ruhiger Tag. Die Spree umringt uns, still und plan. Wir durchfahren Seerosen und Entengrütze. Rechts eine Kleingartenkolonie. Angler winken uns zu. In dieser Region Brandenburgs im Hochsommer paddeln zu gehen, ist einfach eine gute Alternative zu den zwar wunderschönen, aber proppevollen Spreewaldfließen (siehe S. 136). Außer uns sind nur zwei Schwäne und zwei ältere Herren Richtung Hangelsberg unterwegs. Der eine mit Hosenträgern, der andere mit Lederhemd und Schlapphut. Zur wahren Trapper-Optik fehlt ihnen nur noch der Fuchsschwanz.

VOR DER GROSSEN BRÜCKE ALSO RECHTS AB.

Machen wir. Nun geht es in die schmale Müggelspree, die Motorboote nicht befahren dürfen und können. Dafür sorgt die sogenannte Große Tränke. An dem Wehr fällt das Wasser über eine Stufe, wir müssen das Kanu per Bootsschleppe über Land ziehen. Daneben lädt ein schöner Wasserwanderrastplatz zur Pause ein. Wir packen unsere Kalte-Braten-Stullen aus, die Trapper ihre Schnapsfläschchen.

Die Müggelspree biegt sich in sanften Kurven. Über uns Schäfchenwolken, zwischen denen die Sonne hervorstrahlt. Rechts von uns meterhohes Schilf. Hie und da Autogeräusche in der Ferne. Sie erinnern uns daran, dass die Zivilisation näher ist, als man denken würde. Ist halt doch nicht Kanada.

Immer wieder platscht etwas ins Wasser. Was es ist, können wir nicht sehen. »Bisam!«, wird uns der Kanuverleiher später aufklären. Und immer wieder bilden abgestorbene Bäume eine bizarre Kulisse am Ufer. Auf einem dieser kahlen Stämme sehen wir im Gegenlicht einen mächtigen Vogel sitzen. Während wir uns noch fragen, ob es ein Fischadler ist, entdecken wir einen weiteren Exoten. Die Trapper, die gerade an uns vorbeipaddeln, machen uns auf ihn aufmerksam.

SIE WEISEN AUF einen im Fluss treibenen Baumstamm. Darauf sonnt sich eine Schildkröte, ein Beinchen baumelt im Wasser. Wir staunen nicht schlecht und zücken das Handy. Einige Tage später, nachdem wir das Bild an den Naturschutzbund Deutschland geschickt haben, werden wir erfahren, dass es sich um eine Gelbbauch-Schmuckschildkröte handelt. Also ein ausgesetztes Tier. Oder eines, das sich aus dem Staub machte. Kein heimisches auf jeden Fall. Denn die Sumpfschildkröten, die in Brandenburg vorkommen, haben einen schwarzen Bauch. Doch genug geturtelt. Wir lassen die beiden Trapper, die ihr Boot für einen Power Nap an einem Baum festgezurrt haben, für immer hinter uns. Die ersten Häuser von Hangelsberg kommen ins Blickfeld. Gärten mit Rhododendronbüschen und malerischen Bootsstegen am Wasser. Auf der anderen Seite Wiesen. Am Ende des Ortes markieren bunte Kanus schließlich das Ziel unseres heutigen Paddeltrips. Und den Startpunkt unseres nächsten.

WENN MAN SCHON MAL HIER IST:
Ein Waldspaziergang führt in einer Stunde (4 Kilometer) von Hangelsberg zur idyllisch gelegenen **Forellenanlage Klein-Wall**. An vier Teichen kann man dort auch ohne Angelschein Forellen, Saiblinge, Welse und Hechte angeln – ein Spaß nicht nur für Kinder. Im Verkauf gibt's aber auch bereits gefischte Forellen, frische wie geräucherte ▭→, und leckere Fischbrötchen. Das dazugehörige Restaurant serviert nur am Wochenende mittags. Ein prima Abschluss der Tour (klein-wall.de).

WENN MAN SCHON MAL IM OSTEN BRANDENBURGS IST

+++ SEHEN +++
+++ ESSEN +++
+++ KULTUR UND BADEN +++
+++ SHOPPEN +++
+++ SCHLAFEN +++

SEHEN

BAROCKKLOSTER NEUZELLE

Sieht aus wie Bayern, ist aber deutlich jenseits des Weißwurstäquators! Im Dorf Neuzelle kann man das einzige vollständig erhaltene Zisterzienserkloster Brandenburgs besichtigen. Zu DDR-Zeiten diente es als Institut für Lehrerfortbildung. Erst seit 2018 beten hier wieder Mönche. Highlight des schönen Areals ist die barocke, freskenreiche Wallfahrtskirche St. Mariä Himmelfahrt, die auch das Herz jedes Atheisten erweicht. Puttenparty par excellence! Besuchenswert ist zudem das Klostermuseum. Es ist in den historischen Konventsgebäuden rund um den spätgotischen Kreuzgang untergebracht. Der Klosterladen verkauft süffiges Bier, das aus der Klosterbrauerei kommt.

+++ STIFTSPLATZ 7, 15898 NEUZELLE +++ KLOSTERNEUZELLE.DE +++ FÜR ÖFFNUNGSZEITEN UND PREISE SIEHE WEBSEITE +++

←

MUSEUMSPARK RÜDERSDORF

Seit dem 13. Jahrhundert wird in Rüdersdorf Kalk abgebaut. Daran erinnert in Nachbarschaft des noch heute aktiven Tagebaus der Museumspark, Freilichtmuseum und Industriedenkmal in einem. Das Areal umfasst 17 Hektar, diverse Führungen werden angeboten. Highlight eines Rundgangs: die fast surreal wirkende, begehbare Schachtofenbatterie, die noch bis 1967 zur Branntkalkherstellung genutzt wurde. Heute ist die »Kathedrale des Kalks« auch als Drehort sehr beliebt.

+++ HEINITZSTR. 9. 15562 RÜDERSDORF BEI BERLIN +++ MUSEUMSPARK.DE +++ MÄRZ-NOV. TÄGL. 10-18 UHR +++ 6 EURO. ERM. 3 EURO +++

BINNENDÜNE WALTERSBERGE BEI STORKOW

Klein-Sahara in Brandenburg! Beim Städtchen Storkow kann man eine der höchsten Binnendünen Deutschlands bezwingen. Ganze 30 Meter misst der Höhenunterschied zwischen dem Großen Storkower See und dem »Gipfel« der Düne, die vor ca. 14.000 Jahren entstand. Der Ausblick von oben ist nicht ganz so überwältigend, denn anders als in der Sahara verhindern Bäume den Wahnsinnsrundumblick. Ein cooles Bild für den Insta-Account ist aber drin.

+++ AM STRANDBAD IN 15859 STORKOW PARKEN: VON DORT FÜHRT EIN CA. 1 KM LANGER WANDERWEG VORBEI AN EINEM JÜDISCHEN FRIEDHOF ZUR DÜNE +++

FESTUNG KÜSTRIN/ KOSTRZYN NAD ODRĄ (POLEN)

Treppen führen in Keller von Häusern, die es nicht mehr gibt. Ein Holzkreuz markiert die Stelle, wo einst die Kirche stand. Hier und da Überreste von Bordsteinen. Wo sich bis zum Zweiten Weltkrieg das historische Zentrum der Oderstadt Küstrin erstreckte, wächst Gras und Gebüsch. Die Küstriner Altstadt wurde bei Kämpfen Anfang 1945 restlos zerstört. Die danach im Sperrgebiet gelegenen Ruinen trug man in den 1960er-Jahren ab. Heute ist der melancholische Park direkt hinter der deutsch-polnischen Grenze als eine Art Open-Air-Museum zugänglich.

+++ KOSTRZYN NAD ODRĄ +++ MUZEUM.KOSTRZYN.PL +++

GROSS NEUENDORF

Ein Ausflug ins wildromantische Oderbruch sollte unbedingt drin sein, diverse schöne Radtouren bieten sich an. Einer der »touristischen Hotspots« ist das direkt an der Oder gelegene Groß Neuendorf mit seinem »Kulturhafen«, einem restaurierten Denkmalensemble mit witzigen Übernachtungsmöglichkeiten. Im ehemaligen Verladeturm gibt es eine über vier Etagen angelegte Ferienwohnung, und nebenan kann man in den historischen Waggons der 1970 stillgelegten Oderbruchbahn schlafen.

+++ 15324 GROSS NEUENDORF +++ VERLADETURM.DE +++

ESSEN

WILDE KLOSTERKÜCHE

Aal und Fenchel. Kohlrabi und Gerstenmalz. Hirsch und Steinpilz. In der hip-urbanen Klosterküche kocht man regional-saisonale Aromawunder. Vier Gänge 65 Euro, sechs Gänge 95 Euro.

+++ BAHNHOFSSTR. 18, 15898 NEUZELLE +++ WILDEKLOSTERKUECHE.DE +++ 033652/823991 +++ DO-SO AB 18.30 UHR +++

RAGOWER MÜHLE

In der ungemein idyllisch gelegenen Mühle im Schlaubetal isst man gutbürgerlich: Wildgulasch, Roulade, Matjes mit Bratkartoffeln. Davor ein hübscher Biergarten.

+++ RAGOWER MÜHLE, 15890 SCHERNSDORF +++ RAGOWERMUEHLE.DE +++ 033655/59610 +++ APRIL-NOV. MI-SO 10-18 UHR. SONST NUR SA/SO +++

FISCHEREI KÖLLNITZ

Zur Fischerei am Großen Schauener See gehören auch ein Restaurant, ein Hotel und ein Hofladen mit Imbiss. Der Räucherfisch ist von herausragender Qualität!

+++ GROSS SCHAUENER HAUPTSTR. 31, 15859 STORKOW (MARK) +++ KOELLNITZ.DE +++ 033678/61084 +++ HOFLADEN TÄGL. 9-17 UHR. RESTAURANT TÄGL. (AUSSER DI) 11-21 UHR +++

CAFÉ HAFENMÜHLE

Extrem atmosphärischer Ort in einer historischen Klinkersteinmühle hinter dem Deich im Oderbruch. Drinnen oder draußen gibt es selbst gemachten Kuchen, dazu Kunstausstellungen und zwei nette Ferienwohnungen.

+++ DEICHWEG 7, 15324 KIENITZ +++ HAFENMUEHLE-KIENITZ.DE +++ 033478-387775 +++ SA/SO AB 12 UHR +++

KULTUR UND BADEN

THEATER AM RAND

Das kleine Theater im Oderbruch hält immer wieder Überraschungen parat. Die künstlerische Leitung hat u. a. Thomas Rühmann (alias *Dr. Heilmann* aus der ARD-Serie *In aller Freundschaft*). Gezahlt wird am Ende der Vorstellung, und zwar so viel man will.

+++ ZOLLBRÜCKE 16. 16259 ODERAUE +++ THEATERAMRAND.DE +++ 033457/66521 +++

THERME BAD SAAROW

Die Soletherme am Scharmützelsee zählt zu den schönsten Brandenburgs. Viel Schnickschnack, tolle Saunalandschaft.

+++ AM KURPARK 1. 15526 BAD SAAROW +++ THERME.BAD-SAAROW.DE +++ TÄGL. 10-21 UHR +++ TAGESKARTE 25 EURO +++

SHOPPEN

MILCHSCHAFHOF PIMPINELLE

Im gefühlten Nirgendwo weiden 60 Krainer Steinschafe, deren Produkte (selbst Felle) im Hofladen erstanden werden können.

+++ LINDENSTR. 20. 15320 QUAPPENDORF +++ MILCHSCHAFHOF-PIMPINELLE.DE +++ APRIL-OKT. FR 16-18 UHR. SA 10-13 UHR +++

KUNSTSPEICHER FRIEDERSDORF

Im ehemaligen Getreidespeicher verkauft man Souvenirs aus der Region: Schmuck, Seife, Keramik, Lebensmittel. Außerdem gibt's Kunstausstellungen und ein Restaurant.

+++ FRANKFURTER STR. 39, 15306 VIERLINDEN +++ KUNSTSPEICHER-FRIEDERSDORF.DE +++ TÄGL. (AUSSER MO) 11-18 UHR +++

SCHLAFEN

SCHLOSS REICHENOW

Das Hier und Jetzt trifft auf viel Geschichte in diesem Tudorschloss in friedlicher Lage, das zu DDR-Zeiten als Schule, Friseursalon und Disco herhalten musste. Heute übernachtet man hier in 22 zeitgemäß ausgestatteten Zimmern. Drum herum ein 25.000 Quadratmeter großer Park und ein romantischer See, in dem Ruderboote dümpeln. DZ mit Frühstück ab 110 Euro.

+++ NEUE DORFSTR. 1, 15345 REICHENOW-MÖGLIN +++ SCHLOSSREICHENOW.COM +++ 033437/276628 +++

NATURERLEBNISHOF UFERLOOS

Auf diesem grünen Fleckchen Erde hinterm Oderdeich kann man nicht nur in Ferienwohnungen, sondern auch in Zirkuswagen, in der Jurte oder im Zelt übernachten. Ein bunt-alternatives Familiending mit vielen Tieren. Für 2 Pers. ab 64 Euro mit Frühstück.

+++ DEICHWEG 9, 15324 KIENITZ +++ UFERLOOS.DE +++ 033478/38976 +++

5
SÜDOSTEN

+++ ERLEBEN +++

SÜDÖSTLICH VON BERLIN

treffen zwei landschaftliche Extreme aufeinander. Im Biosphärenreservat Spreewald verliert sich die Spree in Hunderten von Wasserläufen. Ein Kanuten- und Touristen-Hotspot! Weiter südlich hingegen liegen die (ehemaligen) Tagebaugebiete der Niederlausitz. Der Übergang vom Braunkohlerevier zum Urlaubsland ist dort im vollen Gange. Wenn die europaweit größte, von Menschenhand erschaffene Wasserlandschaft einmal fertig ist, wird es rund zwei Dutzend Seen geben, dazu Sandstrände und schiffbare Kanäle.

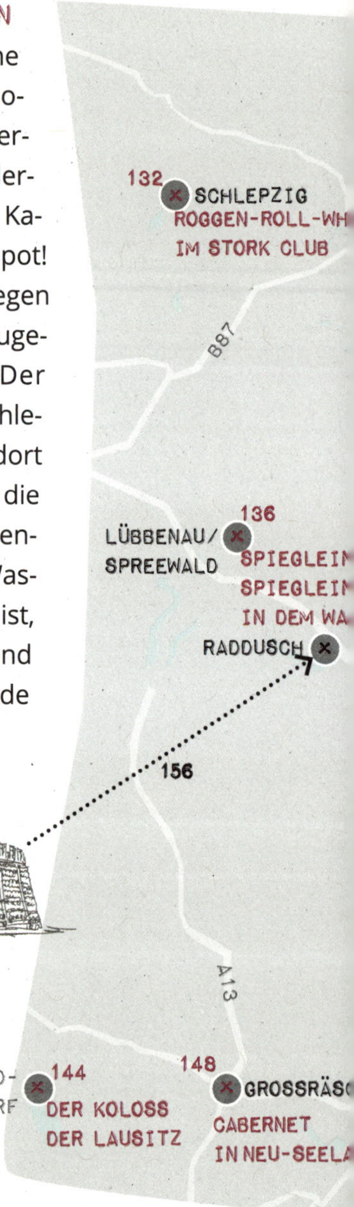

SLAWENBURG RADDUSCH

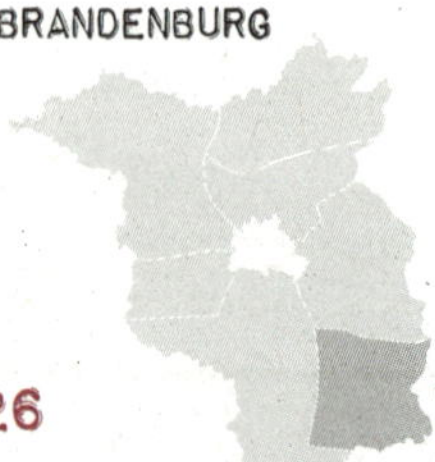

132 SCHLEPZIG
ROGGEN-ROLL-WH
IM STORK CLUB

136 LÜBBENAU/SPREEWALD
SPIEGLEIN
SPIEGLEIN
IN DEM WA
RADDUSCH

156

144 LICHTERFELD-SCHACKSDORF
DER KOLOSS
DER LAUSITZ

148 GROSSRÄS
CABERNET
IN NEU-SEELA

BRANDENBURG

<--SÜDOSTEN

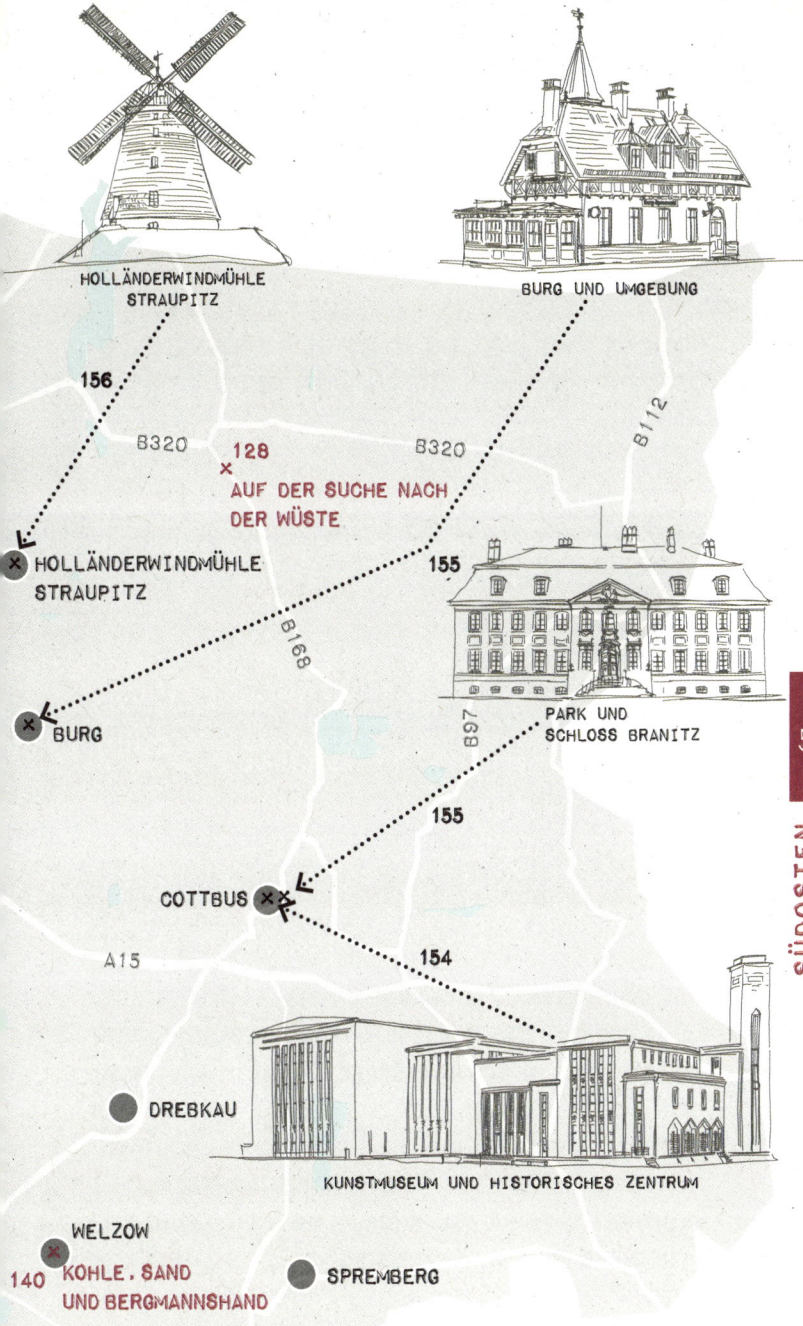

AUF DER SUCHE NACH DER WÜSTE

UNTERWEGS IN DER LIEBEROSER UND REICHERSKREUZER HEIDE

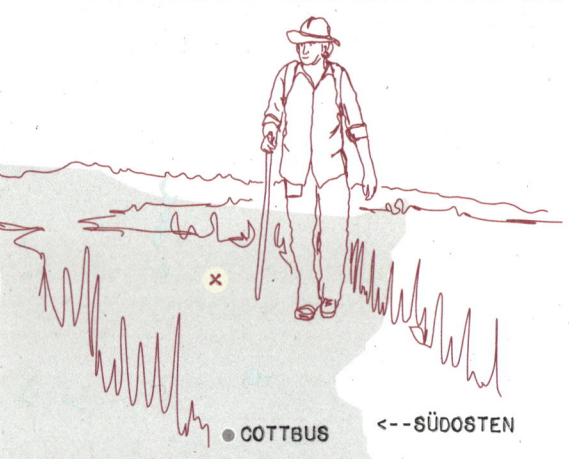

● COTTBUS   <--SÜDOSTEN

+++ **S T E C K B R I E F** +++
WO? LUFTLINIE 20 BIS 30 KILOMETER NÖRDLICH VON COTTBUS. DER PARKPLATZ ZUM WILDNISPFAD LIEGT AN DER STRASSE ZWISCHEN LAMSFELD UND BUTZEN. DER ZUGANG ZUM SUKZESSIONSPARK ETWA 5 KILOMETER SÜDLICH VON LIEBEROSE AN DER B168. FOLGT MAN VON LIEBEROSE DER B320 FÜR 16 KILOMETER GEN OSTEN BIS PINNOW UND HÄLT SICH DANN LINKS, GELANGT MAN IN DIE REICHERSKREUZER HEIDE +++ EIGENES FAHRZEUG VONNÖTEN. FAHRZEIT VON BERLIN BIS LIEBEROSE CA. 90 MINUTEN +++ **WANN?** IMMER. AM SCHÖNSTEN IM SPÄTSOMMER +++ LIEBEROSER-HEIDE. DE. STIFTUNG-NLB.DE +++ **WIE LANGE?** SO LANGE MAN WILL. 2 STUNDEN SOLLTE MAN MINDESTENS EINPLANEN +++ **WIE VIEL?** KOSTENLOS +++

SÜDÖSTLICH VON BERLIN soll es eine Wüste geben. Die einzige Wüste Deutschlands, hören wir. Und wir entdecken Fotos im WWW, auf denen nicht viel zu sehen ist außer Sand, Sand, Sand und Himmel. Wüstenbilder eben. Und diese Bilder sind angeblich keine 100 Kilometer Luftlinie von unserer Kreuzberger Haustür entfernt aufgenommen worden. Was zum Teufel ist denn da los? Und schon sitzen wir im Auto. Steuern einer Wüste entgegen, die keine natürliche Wüste ist. Der Sand ist zwar echt, der wurde auch nicht angekarrt. Braucht's ohnehin nicht, halb Brandenburg ist ja in den Sand gesetzt. Das offene Sandfeld aber ist verwüstetes Terrain. Hier war ein Truppenübungsplatz, der größte in Ostdeutschland. Er stand unter der Regie der Sowjets. Panzer schossen Bäume weg, pflügten das Gelände um, und der Wind schuf Dünen. Kalter Sand und ein verlorenes Land.

WER ZU SPÄT KOMMT, den bestraft das Leben. Die Fotos, die wir vorab sahen, müssen ein paar Jahre auf dem Buckel haben. Mittlerweile wendet sich das Blatt wieder. Die einst mehrere Quadratkilometer große Sandwüste gleicht eher einer Steppe. Hier und dort Silbergras, das sich im Wind wiegt. Moose und Flechten. Es sind die Regenerationskräfte der Natur, die der Lieberoser Wüste irgendwann den Garaus machen werden.

Dieser Prozess, das Vergehen und Werden, ist Thema des hiesigen Sukzessionsparks mit einem zwei Kilometer langen Rundweg. Ins Leben gerufen hat ihn die Stiftung Naturlandschaften Brandenburg. Der Weg passiert den alten Hubschrauberlandeplatz, der heute in große Tortenstücke unterteilt ist. Diese zeigen die auf die Wüste folgenden Landschaftstypen: Zuerst Grasland. Dann Heide. Daraufhin Espen, Traubenkirschen, Robinien und andere Pioniergewächse, die die Heide erobern. Und schließlich Mischwald. Wir besteigen den Generalshügel, eine künstliche Erhebung mit einem Aussichtsbunker obenauf. Von dort verfolgten die Generäle mit Breschnew, Ulbricht oder Honecker Manöver zur Abwehr imperialistischer Angriffe. Beim Großmanöver »Waffenbrüderschaft« (1970) waren über 50.000 Soldaten im Einsatz. 1.500 Schützenpanzerwagen und 800 Panzer zermalmten jeden Spross im Sand.

MIT DEM ABZUG DER RUSSEN 1992 blieben Chemikalien und Munition im Boden zurück. Daher ist es ratsam, die Wege nicht zu verlassen! Das gilt auch für den acht Kilometer langen Wildnispfad, der ganz im Osten der Lieberoser Heide eingerichtet wurde. Er führt durch ein Gebiet mit Mooren und Kaltwasserseen und ist heute die Heimat von Fischottern und Schellenten. Auch Wölfe und Elche wurden dort schon gesichtet. Wir sehen keine.

Dafür erleben wir einen Farbflash ein paar Kilometer weiter in der blühenden Reicherskreuzer Heide. Sie war ebenfalls Teil des Truppenübungsplatzes und ist heute ein Naturparadies. Jetzt im Spätsommer zeigt sie sich im feministischen Lila, durchsetzt mit weißen Birken. Ein unglaubliches Bild, fast schon unwirklich, exotisch. So berauschend wie ein Indian Summer. Selig stiefeln wir durch die Plüschlandschaft, über der die letzten zähen Hummeln brummen. Die kleine Tour ist das Grande Finale eines Ausflugs, der sich anfühlte wie ein Urlaubstag in einem anderen Land.

WENN MAN SCHON MAL **HIER IST**...

... dann sollte man sich unbedingt auch einmal das Städtchen **Lieberose** anschauen. Im normalerweise nicht zugänglichen, morbiden **Barockschloss** finden hin und wieder Kunstevents statt. Außergewöhnlich sind die beiden Kirchen auf dem Marktplatz: Die mittelalterliche **Stadtkirche** ☐→ ist seit dem Zweiten Weltkrieg eine Ruine ohne Dach. Ein Teil des Inventars konnte gerettet werden und befindet sich heute in der neogotischen **Landkirche** (1826) nebenan.

ROGGEN-ROLL-WHISKEY IM STORK CLUB

FÜHRUNG DURCH DIE SPREEWOOD-DESTILLERIE

× SCHLEPZIG

<--SÜDOSTEN

+++ **STECKBRIEF** +++
WO? DORFSTR. 56, 15910 SCHLEPZIG +++ VON BERLIN OSTKREUZ MIT DER RE2 NACH LÜBBEN UND VON DORT MIT BUS 506 NACH SCHLEPZIG. DAUER DER ANREISE CA. 70 MINUTEN +++ **WANN?** IM WINTER MEIST NUR EINE FÜHRUNG SAMSTAGS UM 15 UHR. IM SOMMER FÜHRUNGEN FREITAGS UM 15 UHR SOWIE SAMSTAGS UM 13 UND 15 UHR +++ SPREEWOOD-DISTILLERS.COM +++ **WIE LANGE?** CA. 90-110 MINUTEN +++ **WIE VIEL?** 25 EURO +++

IWSC-AWARD 2020. Double Gold bei der San Francisco World Spirits Competition 2018. Der Stork Club Full Proof Rye Whiskey sammelt Medaillen wie einst der große Whiskeytrinker Lemmy goldene Platten. Die bislang bedeutendste Auszeichnung: World's best Rye bei den World Whiskies Awards 2019. Den weltbesten Roggenwhiskey zu brennen, das muss man erst mal schaffen. Als kleine Spreewald-Destillerie, die erst seit 2017 voll auf Roggen setzt.

Ein Jahr vorher war die Destillerie von drei Jungs aus Berlin übernommen worden, die in Schlepzig eigentlich nur ein Fass kaufen wollten. Als der damalige Besitzer ihnen die ganze Brennerei anbot, sagten sie zu. Seitdem ist Schlepzig auf der Weltkarte des Whiskeys fest verankert. Ein kleiner Ort, den man sich gar nicht schöner trinken muss. Eine Mühle am rauschenden Bach. Fachwerk und Klinker.

DIE SPREEWOOD-DESTILLERIE sitzt in einem Vierseithof. Zwei Stockwerke hat das Haupthaus, das dritte ist schon unterm Giebel. Genau so stellt man sich Orte vor, wo das gute alte Handwerk gepflegt wird. In einem Idyll, wie für die Werbung gemacht. Westlich von Schlepzig liegt das nasse Biosphärenreservat Spreewald, das den flüssigen Anteil des Grundstoffs liefert. Östlich von Schlepzig erstrecken sich weite Felder. Dort wird Roggen angebaut. »Wegen des Mikroklimas ist der Roggen von einer Qualität, dass ihn auch Whiskey-Destillerien aus Amerika importieren«, erzählt uns Christian, der heute durch die Destillerie führt. »Dieser Roggen ist das würzigste Getreide, das man für Whiskey verwenden kann.« Mit einem kräftigeren Aroma als Gerste oder Mais.

Und so sind wir auf einer Tour der Sinne. Erhalten hochprozentige Einblicke in die Herstellung von Craft Whiskey. Bis auf das Mälzen wird alles vor Ort gemacht. Wir riechen den Fermentierungsprozess. Wir riechen den längst verflüchtigten Alkohol im Brennhaus, auch wenn heute kein Brenntag ist. Er hat sich ins Gemäuer eingenistet, umschmeichelt die funkelnden Kupferrohre der Hybrid-Brennblase.

WO DIE FÄSSER LAGERN, erschnuppern wir, wie amerikanische Eiche, deutsche Eiche oder High Mocha zur Ausformung des Whiskeys beitragen. Mehr als 60 Prozent der Aromen des Whiskeys werden aus dem Holz gelöst. Nach der Reife müssen die Whiskeys aus den verschiedenen Fässern »vermählt« werden, um eine gleichbleibende Qualität zu erzielen. »Blending« nennt man das.

Was danach unter dem Namen »Stork Club« herauskommt, erfahren wir bei der Verkostung. Dazu werden Pipetten gereicht, um mit Wasser die Schärfe zu mildern oder verborgene Geschmacksnuancen hervorzuholen; um Pfeffer oder Schokolade, Vanille, Karamell oder eventuelle Fruchtnoten zu erschmecken. »Lasst den Whiskey so oft im Mund kreisen, wie er Jahre im Fass reifte«, rät uns Christian. Und tatsächlich entfaltet sich ein Volumen, das es in sich hat. Da fahren die Sinne auf den Geschmacksnerven Rallye durch den Gaumen. Da will man kein brennendes Streichholz in seiner Nähe haben. Da kann man froh sein, dass hier noch kein 20 Jahre alter Whiskey verkostet wird …

WENN MAN SCHON MAL **HIER IST**:

Nett übernachten? Gut essen? Hausgebrautes Bier trinken? Geht in Schlepzig alles. Das mit vier Sternen geadelte **Spreewaldresort Seinerzeit** ⟶ wirkt von außen recht ländlich, präsentiert sich von innen aber eher urban. Viel Bling-Bling. Im gehoben-rustikalen Brauhaus isst man Spreewälder Grützwurst oder Kartoffeln mit Quark und Leinöl. Am Wasser ein netter Biergarten. Komfortable Zimmer im zeitgemäßen Schick, eigene Kahnablegestelle (seinerzeit.de).

SPIEGLEIN, SPIEGLEIN IN DEM WALD

SPREEWALDPADDELN RUND UM LÜBBENAU

× LÜBBENAU/SPREEWALD

<--SÜDOSTEN

+++ **S T E C K B R I E F** +++
WO? START UND ZIEL IN 03222 LÜBBENAU. DORT ZAHLREICHE VERLEIHER +++ VON BERLIN OSTKREUZ ERREICHT MAN LÜBBENAU MIT DER RE2 IN 50 MINUTEN. VOM BAHNHOF BIS ZUM NÄCHSTEN BOOTSVERLEIH ETWA 1 KILOMETER +++ **ROUTE:** LÜBBENAU - WOTSCHOFSKA - LEHDE - LÜBBENAU (RUNDTOUR) +++ **WANN?** GANZJÄHRIG MACHBAR, SOFERN DIE FLIESSE NICHT ZUGEFROREN SIND; WEGEN STARKEN ANDRANGS SIND DIE JULI- UND AUGUSTWOCHENENDEN ZU MEIDEN +++ **WIE LANGE?** 3-4 STUNDEN +++ **WIE VIEL?** KANU FÜR 2 PERSONEN AB 15 EURO/TAG +++

GÜNSTIG, FAMILIENFREUNDLICH

WO WIR AUCH HINFAHREN, REGNET'S.

Meistens zumindest. Vielleicht sollten wir uns einen neuen Job suchen. Regenmacher in einem Wüstenstaat zum Beispiel. So sitzen wir an diesem Spätsommertag mit Sauertopfgesichtern in einem Café am Hafen von Lübbenau und warten auf die Sonne. Das Wasser pladdert aus dunklen Wolken auf die Fließe, wie die Kanäle hier heißen. Nebelschwaden wabern wie Tüll über die amphibische Spreewaldlandschaft.

Doch siehe da: Gegen Mittag wird es hell! Die Regenwolken verziehen sich, die Sonne funkelt hier und da durchs Blätterdach. Keine halbe Stunde später schon durchpaddeln wir eine unfassbare Idylle. Wir gleiten durch ein Wasser glatt wie Puddinghaut. Nur hin und wieder zerplatzen Tropfen auf dem Fließ und malen Kreise ins Nass. Die Bäume rechts und links spiegeln sich im Wasser.

DER VERREGNETE MORGEN hat viele davon abgehalten, heute ins Boot zu steigen. Unser Glück. So bleibt uns der große Andrang erspart, von dem der Kanuverleiher bei der Übergabe erzählt hat: »Im Hochsommer wartet man schon mal anderthalb Stunden an den Schleusen.« Hilfe! Wir warten nur kurz. Kaum ein Boot kommt uns entgegen. Voller wird es erst, als wir die malerisch im Erlenwald gelegene Ausflugsgaststätte Wotschofska ansteuern. Wotschofska bzw. Wótšowska ist das sorbische Wort für »Insel«. Die Sorben sind ein slawischer Volksstamm, der seit dem 6. Jahrhundert in der Region siedelt. Rund 60.000 Sorben leben in der Lausitz, sie werden auch als Wenden bezeichnet. Die Ortsschilder sind hier zweisprachig, auch die, an denen wir mit unserem Kanu vorbeikommen. Verklärt wird die Welt der Sorben in den Spreewaldkrimis – die Wasserlandschaft ist wie geschaffen für eine schöne Leiche.

Wir machen fest. Folgen dabei den Anweisungen unseres Verleihers: »Paddel mitnehmen! Karte mitnehmen! Sonst ist alles weg, wenn ihr Pech habt.« Gönnen uns ein kühles Getränk, während wir die Landkarte studieren. Über 250 Kilometer Wasserstraßen bietet der Spreewald. Auch mehrtägige Paddelabenteuer sind möglich.

SCHON GEHT ES WEITER durch Undines nasse Zauberwelt. Enten schnattern. Rote Libellen surren um uns herum. Wenn der Wald den Blick freigibt, sehen wir Kühe auf Weiden oder die spreewaldtypischen meterhohen Heuschober auf einem frisch gemähten Feld. Gemütlich paddeln wir Richtung Lehde, zum touristischen Hotspot der Gegend, mit zahlreichen Gasthäusern und einem Heimatmuseum. Wir passieren Grundstücke direkt am Fließ, liebevoll bepflanzt. Mit Hortensien, Margeriten und Sonnenblumen, die ihre Köpfe übers Wasser hängen. Mit Stegen, auf denen weiß lackierte Bänke stehen. Wir sehen Romantik pur. Doch was mögen die Lehder denken, wenn im Hochsommer tagtäglich Hunderte von Paddlern und Kahntouristen neugierig in ihre Gärten lugen? Die, die wir in den Gärten sitzen sehen, scheinen nichts dagegen zu haben. Womöglich sind sie selbst Touristen. Viele der schmucken Domizile am Wasser sind Ferienhäuser. Mit Terrassen, die zum Grillen einladen. Und bei Regen zum Träumen.

WENN MAN SCHON MAL **HIER** IST:

Lübbenau gehört zu den von Touristen heiß geliebten Orten im Spreewald. Auch die Butterfahrten-Klientel kommt gerne, in diesem Fall zum Kahnfahren. Sei es, wie es will, ein Spaziergang durch **Lübbenau** sollte auf jeden Zettel: Das hiesige Schloss ▢→ samt hübschem Park dient heute als Hotel (schloss-luebbenau.de). Stände am Hafen verkaufen Senf und Gurken. Schöner als dort sitzt man am beschaulichen Marktplatz.

KOHLE, SAND UND BERGMANNSHAND

TOUR DURCH DEN TAGEBAU WELZOW-SÜD

x WELZOW   <--SÜDOSTEN

+ + + S T E C K B R I E F + + +
WO? EXCURSIO-BESUCHERZENTRUM, HEINRICH-HEINE-STR. 2, 03119 WELZOW +++ VON BERLIN OSTKREUZ MIT DER RE2 BIS COTTBUS, WEITER MIT DER RB49 BIS NEUPETERSHAIN UND DANN MIT BUS 886 NACH WELZOW; DAUER DER ANREISE KNAPP 2 STUNDEN, ETWAS SCHNELLER GEHT'S MIT DEM AUTO (140 KILOMETER) +++ **WANN?** IM SOMMER NAHEZU TÄGLICH FÜHRUNGEN, ES GIBT AUCH FAHRTEN ZUM SONNENUNTERGANG UND BEI DUNKELHEIT. WER ALLE MASCHINEN LAUFEN SEHEN WILL, SOLLTE MONTAG, MITTWOCH, DONNERSTAG ODER FREITAG KOMMEN; DIENSTAG IST REPARATURTAG +++ BERGBAUTOURISMUS.DE +++ **WIE LANGE?** 3 STUNDEN FÜR DIE STANDARDTOUR +++ **WIE VIEL?** 29 EURO +++

SÜDOSTEN

MIT »GLÜCKAUF« werden wir begrüßt vor unserer Fahrt in eine andere Welt. Festes Schuhwerk, hieß es, solle man tragen. Einen Schutzhelm bekommen wir gereicht. So ausstaffiert sitzen wir hinten in der Kabine eines Off-Road-Trucks, der als Bus dient. »Aufsetzer« sagen sie hier zu dem Gefährt. Auch die Kumpels fahren so in den Tagebau ein.

Im Wagen erklärt uns Bodo Schmidtchen den Tagebaubetrieb. Schmidtchen ist pensionierter Bergmann, Welzow-Süd hat sein Leben geprägt. Wie das vieler anderer. 14.000 Menschen arbeiteten in der Lausitz einst im Tagebau. Heute sind es noch etwa 7.000, 700 im Tagebau Welzow-Süd. Die Vorräte, sagt Schmidtchen, reichen bis etwa 2080. Doch voraussichtlich sei 2030 oder 2033 Schluss. Keiner wisse es genau. Man hört Wehmut heraus. Aber kein böses Wort. Der Abschied von der Braunkohle geschieht ja der Umwelt zuliebe.

1966 WURDE MIT DER KOHLEFÖRDERUNG

in Welzow-Süd begonnen. Vier Jahre früher fing man an, den Abraum wegzuschaffen, um an die Kohle zu gelangen. Wir sehen die Bagger im Einsatz: Eimerkettenbagger auf Schienen. Schaufelradbagger. Wir blicken auf eine Landschaft, wie wir noch nie eine gesehen haben. Surreal. Als hätte jemand die Erde entkleidet. Vergewaltigt, misshandelt. Die Oberfläche abgezogen wie Fell vom Fleisch. Wälder, Wiesen, Obstbäume und 14 Dörfer: einfach weg! Wir blicken auf ein endloses Meer aus Kippen und auf Dünen aus schmutzigem Abraum.

Dazwischen ein schwarzer Streifen: der Kohleflöz. Zu diesem geht es nun hinab. Hier dürfen wir aussteigen, neben einem Förderband, das rund 20 Millionen Tonnen Kohle jährlich abtransportiert. Kohle, die bald Strom und Fernwärme liefern und zu Briketts verarbeitet wird. Wir stehen auf schmierigem Grund, schwarz wie – was wohl. Die Kohleschicht ist bis zu 15 Meter mächtig. Aus ihr lugen noch nicht ganz verrottete Hölzer hervor – sie sind 15 bis 20 Millionen Jahre alt. 720 Pumpen, die das Areal entwässern, sorgen dafür, dass wir trockenen Fußes hier stehen können. Immerhin liegt der Flöz in 60 bis 120 Metern Tiefe unter der Erde.

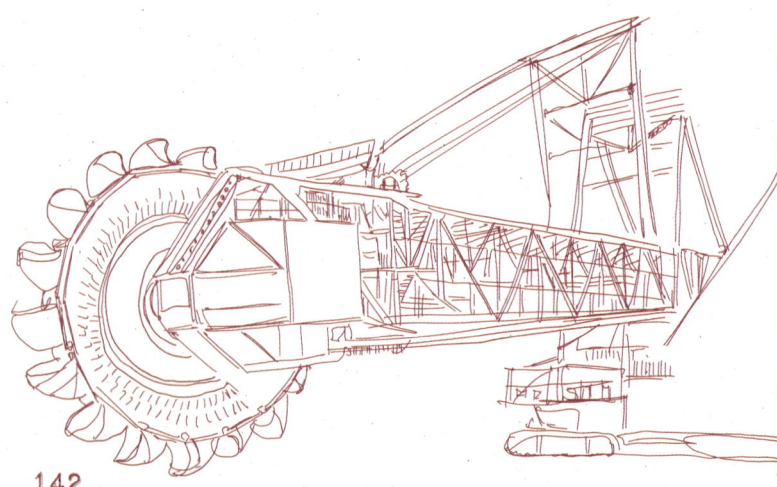

ÜBERSPANNT WIRD DER FLÖZ von der Abraumförderbrücke F60, der größten beweglichen Maschine der Welt. Einer Maschine mit über 1.000 Rädern. Im Tagebau Welzow-Süd ist die F 60 noch im Einsatz. 40 Kilometer weiter westlich am Bergheider See wurde daraus ein Industriedenkmal und eine Touristenattraktion (siehe S. 144).

Vor der F60 steigen wir erneut aus. Hören das Raunen der Anlagen. Bestaunen mit offenen Mündern die Dimensionen: Groß ist der Tagebau. Groß sind die Maschinen. Und klein ist der Mensch. Noch bis vor ein paar Jahren liefen die Bagger rund um die Uhr. Es herrschte Drei-Schicht-Betrieb. Heute ruhen sie am Wochenende. Wenn sie einmal ganz ruhen, wird der Tagebau Welzow-Süd vielleicht geflutet und durch schiffbare Kanäle mit der Lausitzer Seenlandschaft verbunden werden. »Strukturwandel« heißt das optimistische Wort für die touristische Neuorientierung der Region. Doch Brandenburg trocknet aus. Ob sich das Projekt in Zukunft überhaupt realisieren lässt, ist deshalb fraglich.

WENN MAN SCHON MAL **HIER** IST:

Wenige Kilometer nordwestlich befindet sich die 2.300-Seelen-Gemeinde **Altdöbern**. Dort steht ein ursprünglich barockes **Schloss** □→, das sich wegen zahlreicher baulicher Veränderungen im Lauf der Zeit heute in einem wilden Stilmix präsentiert. Es ist bislang zwar nur von außen zu besichtigen, aufgrund seines hübschen Schlossparks im Stil englischer Landschaftsparks aber durchaus einen Besuch wert.

DER KOLOSS DER LAUSITZ

TOUR ÜBER DIE STILLGELEGTE ABRAUMFÖRDERBRÜCKE F60

× LICHTERFELD-SCHACKSDORF   <-- SÜDOSTEN

+ + + **STECKBRIEF** + + +
WO? BESUCHERZENTRUM F60, BERGHEIDER STR. 4, 03238 LICHTERFELD +++ VON BERLIN OSTKREUZ MIT DER RB24 BIS CALAU, WEITER MIT DER RE10 BIS FINSTERWALDE UND DANN MIT BUS 558 BIS ZUM BESUCHERZENTRUM; DAUER DER ANREISE KNAPP 2 STUNDEN; ETWAS SCHNELLER GEHT'S MIT DEM AUTO (125 KM) +++ **WANN?** MITTE MÄRZ BIS ENDE OKTOBER FÜHRUNGEN TÄGL. 10–18 UHR (ZUWEILEN AUCH NACHTFÜHRUNGEN). IM WINTER NUR MITTWOCH BIS SONNTAG 11–16 UHR +++ F60.DE +++ **WIE LANGE?** DIE STANDARDTOUR DAUERT 90 MINUTEN +++ **WIE VIEL?** 12,50 EURO +++

WIR STEHEN VOR einem Giganten aus Stahl. Der größten beweglichen Arbeitsmaschine der Welt. Sie hat das Gewicht von über 60 Jumbojets. Ist hoch wie ein 30-stöckiges Haus und mit 502 Metern fast doppelt so lang wie die Titanic vor ihrem Untergang. Vor diesem Koloss tritt man nicht einen Schritt zurück, um ihn in seiner Gänze zu erblicken. Nein: Um die Enden der Maschine in den Himmel ragen zu sehen, muss man den Kopf drehen. »Gott hat die Lausitz erschaffen, aber der Teufel hat die Kohle daruntergelegt«, so ein sorbisches Sprichwort. Und der Mensch hat diese Maschine geschaffen, um die Kohle zu stibitzen. 1.300 Monteure schraubten an der F60, drei Jahre lang, rund um die Uhr. »140.000 Passschrauben wurden hier verbaut«, sagt unser Guide. Keine Nieten. Und wofür? Keine eineinhalb Jahre war die F60 im Einsatz. Dann war Schicht im Schacht.

209 STUFEN GEHT ES HOCH. Auf kaltem Metall. Und am Ende 209 Stufen wieder hinunter. Eine sportliche Veranstaltung. Und nichts für Leute mit Höhenangst. Wir halten uns am Geländer fest. Folgen dem Guide mit seinem orangefarbenen Helm durch das Fachwerk aus Stahl. Der Wind pfeift. Wir blicken durch Gitterroste in schwindlige Tiefen. Neben uns das Förderband. Es ruht. Als die Maschine in Betrieb war, jagte darauf der Abraum mit bis zu zehn Metern pro Sekunde vorbei. Der Abraum, das war das Erdreich, das die Bagger über der Kohle abtrugen. Und die F60 war dazu da, es dahin zu befördern, wo die Kohle schon abgetragen war.

Um das schwarze Gold selbst kümmerten sich andere Bagger. Abzutransportierendes Erdreich gab es viel im einstigen Tagebau Klettwitz-Nord. Das Deckgebirge über der Kohle ist bis zu 90 Meter mächtig. Um überhaupt an die Kohle zu kommen, wurde vier Jahre lang gebaggert. 1989, ein Jahr, nachdem man die erste Kohle an die umliegenden Brikettfabriken geliefert hatte, begann man mit dem Aufbau der F60. Als sie dann endlich ihren Betrieb aufnahm, waren die meisten umliegenden Brikettfabriken schon stillgelegt worden.

HEUTE SIEHT MAN von der Grube nichts mehr. Keine Mondlandschaft weit und breit. Wo einst Züge voller Kohle ein- und ausfuhren, spiegeln sich Wolken im Wasser. Im Jahr 2000 wurde die F60 aus dem Tagebau herausgefahren, von 2001 an wurde das Areal geflutet. Wir überblicken es aus luftiger Höhe von der Spitze des Auslegers. Dort bietet eine Kabine Schutz vor Wind und Wetter, fast frei schwebend, 74 Meter über dem Boden. Darunter nichts.

»An manchen Tagen kann man bis zum Berliner Fernsehturm sehen«, sagt der Guide. Wir sehen ihn nicht. Wir sehen Wälder, Windräder und Plattenbauten in der Ferne. Und wir sehen den See. Der See bekam den Namen Bergheider See in Erinnerung an das 478-Einwohner-Dorf Bergheide, das einst dem Tagebau weichen musste. Drum herum rekultiviertes Land, noch voller Narben. Bis die Landschaft einen Hauch von Lieblichkeit bekommt, werden wohl Jahre vergehen.

WENN MAN SCHON MAL **HIER IST**:

Wer schon mal hier ist – und dazu mit einem autarken Campingfahrzeug ☐→ –, der bleibt am besten gleich hier. Auf dem **Parkplatz am Bergheider See** direkt neben der Abraumförderbrücke F60 können Wohnmobilisten für ein paar Euro übernachten. Es gibt allerdings keinerlei Einrichtungen, nicht mal ein Klo. Dafür bekommt man eine überaus schräge Kulisse geliefert und dazu einen interessanten Blick auf die karge Seelandschaft.

CABERNET IN NEU-SEELAND

WEIN-DEGUSTATIONSTOUR DURCH DIE LAUSITZ

✗ GROSSRÄSCHEN   <--SÜDOSTEN

+ + + S T E C K B R I E F + + +

WO? START UND ENDE DER TOUR AN DEN IBA-TERRASSEN. 01983 GROSSRÄSCHEN +++ VON BERLIN OSTKREUZ FÄHRT DIE RB24 DIREKT NACH GROSSRÄSCHEN. DAUER KNAPP 2 STUNDEN. VOM BAHNHOF NOCH 2 KILOMETER ZU FUSS +++ WANN? APRIL-OKT. MINDESTENS EINMAL MONATLICH. JE NACH NACHFRAGE AUCH ÖFTER +++ IBA-TOURS.DE. LAUSITZER-WEINFREUNDE.DE +++ WIE LANGE? 3 STUNDEN +++ WIE VIEL? 49 EURO +++

SÜDOSTEN

HELLO AGAIN! Schon wieder sind wir in der Niederlausitz unterwegs. In einer Region, die sich gerade neu erfindet und immer neuen Mikroabenteuern Raum gibt. An diesem schwülwarmen Julinachmittag stehen wir auf den IBA-Terrassen von Großräschen. Sie entstanden im ersten Jahrzehnt des neuen Jahrtausends als Besucherzentrum der Internationalen Bauausstellung Fürst-Pückler-Land. Einer Ausstellung, die Impulse für den Strukturwandel in der Region geben sollte. Damals baute man auch die Seebrücke am Rand des ehemaligen Tagebaus Meuro – Jahre, bevor der See überhaupt geflutet wurde. Heute ist der Großräschener See, der vor uns in der Sonne glitzert, rund 800 Hektar groß. Wir nippen an einem Cabernet Blanc, Jahrgang 2018. Gekeltert aus den Trauben des Weinbergs, der sich zwischen uns und der Seebrücke an der ehemaligen Tagebauböschung ausbreitet.

»AUF EINEM HEKTAR wird heute wieder Wein am Großräschener See angebaut«, sagt Sören Hoika. Auf rund 35 Hektar in ganz Brandenburg. 16 Winzer gibt es. Sie sind mit Leidenschaft am Werk, Masse ist eh nicht drin. Hoika ist nicht nur Reiseveranstalter, sondern auch Soziologe, Technikhistoriker und engagierter Lokalpolitiker. Er weiß viel Interessantes aus seiner Heimat zu berichten, bringt einem die Region wirklich nahe.

Eine halbe Stunde später. Neuer See, neuer Wein. Auf einem herrlichen Aussichtspunkt hoch über den bewaldeten Ufern des Altdöberner Sees zaubert Hoika ein Fläschchen Johanniter aus seiner Kühlbox. Der Weiße ist ein perfekter Sommerwein. Dazu gibt es Käse, Trauben und wieder jede Menge Infos: zum Wein, zum See – und zum Tagebau Greifenhain, der sich zuvor hier erstreckte. Mehrere sorbische Dörfer mussten dafür abgebaggert werden. »Über 80 Ortschaften sind in der Lausitz durch den Tagebau verschwunden«, so Hoika. Wie die Region davor einmal ausgesehen hat, sehen wir wenig später. Wir durchfahren ein Gebiet mit dem noch jungen Namen Neu-Seeland und damit Idylle pur: einzeln stehende Gehöfte, Kornfelder, Alleen.

NÄCHSTER HALT: Weinberg Wolkenberg. Der Weinberg ist mit sechs Hektar der größte der Region und ein wahrlich außergewöhnlicher Ort. Hinter dem von der Abendsonne umschmeichelten Weinhang tut sich der noch aktive Tagebau Welzow-Süd auf (siehe S. 140). In der Ferne sieht man die rauchenden Kühltürme des Kraftwerks Schwarze Pumpe. Zu diesem Ausblick degustieren wir einen frischen Weißburgunder, später noch einen Rotling, gekeltert aus Müller-Thurgau und Regent. Was für eine Kulisse, was für ein Trinkspaß!

Heitere Plauderstimmung legt sich über unsere siebenköpfige Truppe, als wir zu unserem letzten Stopp aufbrechen, dem Sedlitzer See. Er wird nach seiner vollständigen Flutung der größte der Region sein und den Wandel des Seenlandes vorantreiben. »Denn wo man gerne Urlaub macht, da lebt man auch gerne«, sagt Hoika, während wir den einzigen Rotwein dieses Ausflugs in unseren Mündern kreisen lassen, einen erstaunlich kräftigen Acolon. Den Wein einer Region zwischen Wehmut, Neustart und vielen Hoffnungen.

WENN MAN SCHON MAL **HIER** IST:

Don't drink and drive! Nach der Tour bietet sich eine Übernachtung im schlossähnlichen **Seehotel** direkt hinter den IBA-Terrassen an. Der komfortable Viersterner in einem ehemaligen Wohnheim der Bergleute wurde schon eröffnet, als vom See noch gar nichts zu sehen war (seehotel-grossraeschen.travdo-hotels.de). Nur ein paar Meter sind es von dort zur Seebrücke ☐→, die übrigens nichts anderes als der Absetzer einer ehemaligen Förderbrücke ist.

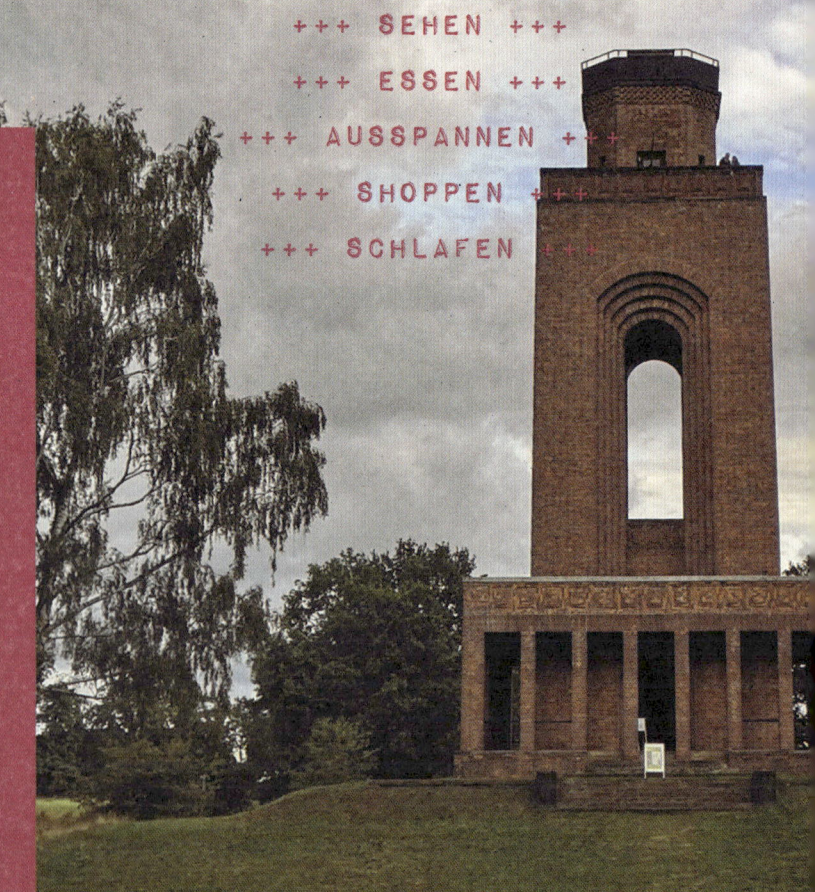

WENN MAN SCHON MAL IM SÜDOSTEN BRANDENBURGS IST

+++ SEHEN +++
+++ ESSEN +++
+++ AUSSPANNEN +++
+++ SHOPPEN +++
+++ SCHLAFEN +++

5

+++++++++++++++++ SEHEN +++++++++++++++

☐↑ KUNSTMUSEUM UND HISTORISCHES ZENTRUM

Cottbus mit seinen 100.000 Einwohnern ist eine spannende Stadt. Im lebendigen Zentrum präsentiert es sich als eine Art Karneval der Architekturen. Die Straßenbahn rattert vorbei an Backsteingotik, Barock, Klassizismus und sozialistischem Realismus. Allein das in einem ehemaligen Dieselkraftwerk untergebrachte Brandenburgische Landesmuseum für moderne Kunst (blmk.de) lohnt die Anfahrt. Die lichtdurchfluteten Räumlichkeiten beherbergen Ausstellungen zur Kunst der DDR. Auch eines der schönsten Jugendstiltheater Europas ist in Cottbus zu finden: Der Saal ein Traum in Weiß-Rot, im Programm Schauspiel, Musiktheater, Konzerte und Ballett. Im Süden der Stadt liegen Park und Schloss Branitz (siehe rechts).

+++ 03042-03055 COTTBUS +++ COTTBUS.DE +++

PARK UND SCHLOSS BRANITZ

Fürst Hermann von Pückler-Muskau (1785–1871) war ein exzentrischer Zeitgenosse mit vielen Gesichtern: Landschaftsarchitekt, Großgrundbesitzer, Globetrotter, Eis-Namensgeber und Reiseschriftsteller. In Branitz legte der Fürst Mitte des 19. Jahrhunderts einen englischen Landschaftspark rund um sein spätbarockes Schlösschen an. Einzigartig und fast kurios sind dort die begrünten Erdpyramiden. Sie sollten Pückler-Muskau an vergangene Orientreisen erinnern.

+++ KASTANIENALLEE 29, 03042 COTTBUS +++ PUECKLER-MUSEUM.DE +++ MÄRZ-OKT. TÄGL. (AUSSER DI) 11-18 UHR, SONST BIS 17 UHR +++ SCHLOSS 8 EURO, ERM. 6 EURO, PARK FREI ZUGÄNGLICH +++

BURG UND UMGEBUNG

Burg ist eines der touristischen Zentren des Spreewalds und dank seiner jodhaltigen Sole auch Kurort mit gepflegter Therme (spreewald-therme.de). Beliebt sind Fahrten mit dem Stocherkahn durchs Wasserlabyrinth. Die märchenhafte Umgebung punktet mit einzeln stehenden Gehöften, Blockbohlenhäusern und Kühen auf grüner Wiese. Zahlreiche kleine Unterkünfte warten in der Idylle auf Gäste. Für den Spreewald-Überblick besteigt man den Bismarckturm 1,5 Kilometer nördlich von Burg.

+++ 03096 BURG (SPREEWALD) +++ BURGIMSPREEWALD.DE +++

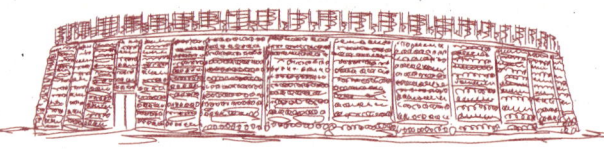

SLAWENBURG RADDUSCH

Bei Grabungen in den 1980er-Jahren wurden beim sorbischen Ort Raddusch Überreste einer ringförmigen slawischen Burg aus dem 9./10. Jahrhundert freigelegt. Anhand der Funde hat man die Slawenfestung rekonstruiert. Auch wenn der Plastikburgcharakter der Anlage auf freiem Feld nicht wegzuleugnen ist, so ist sie doch ein lohnendes Ziel für Mittelalterfans und Hobbyarchäologen. Die Ausstellung in der begehbaren Wallmauer thematisiert die Braunkohlearchäologie im südlichen Brandenburg und informiert über Rettungsgrabungen.

+++ ZUR SLAWENBURG 1, 03226 RADDUSCH +++ SLAWENBURG-RADDUSCH.DE +++ APRIL-OKT. TÄGL. 10-18 UHR, SONST BIS 15 UHR +++ NUR AUSSENGELÄNDE 2 EURO, MIT AUSSTELLUNG 8 EURO, ERM. 7,50 EURO +++

HOLLÄNDERWINDMÜHLE STRAUPITZ

In der letzten aktiven Dreifachmühle Europas (Mahl-, Öl- und Sägemühle) wird hervorragendes Leinöl gepresst und vor Ort verkauft. Im angeschlossenen Restaurant bekommt man eine Kostprobe. Und wer auch noch wissen will, wie das Öl produziert wird, besorgt sich ein Ticket und lässt sich's vom Müller erklären.

+++ LAASOWER STR. 11A, 15913 STRAUPITZ +++ WINDMUEHLE-STRAUPITZ.DE +++ APRIL-OKT. 10-18 UHR, SONST VERKÜRZT +++ 4 EURO, ERM. 2,50 EURO +++

ESSEN

SPEISENKAMMER BURG

Innen gehobene Gemütlichkeit, draußen idyllische Terrasse am Fließ. Auf dem Teller eine »weltoffene Spreewaldküche«, zubereitet von Marco Giedow, der schon mehrmals mit dem Titel »Brandenburger Meisterkoch« ausgezeichnet wurde. Menü ca. 70 Euro.

+++ WALDSCHLÖSSCHENSTR. 48, 03097 BURG (SPREEWALD) +++ SPEISENKAMMER-BURG.DE +++ 035603/750087 +++ DI-SA AB 17 UHR +++

RESTAURANT STRANDCAFÉ

Auf der wunderbaren Terrasse an der Hauptspree gibt es Quarkkartoffeln und Kohlroulade, aber auch Wild und Cocktails. Was es nicht gibt: den namengebenden Strand.

+++ ERNST-VON-HOUWALD-DAMM 16, 15907 LÜBBEN +++ STRANDHAUS-SPREEWALD.DE +++ 03546/7364 +++ TÄGL. 7.30-22 UHR +++

URBAN'S EIS UND KAFFEELADEN

Wie schmeckt Eis in Geschmacksrichtungen wie Gurke oder Leinöl mit Quark? Großartig! Wer's nicht glauben will, sollte sich unbedingt eins in Burg holen.

+++ HAUPTSTR. 39, 03097 BURG (SPREEWALD) +++ CAFE-URBAN.DE +++ 035603/448 +++ MÄRZ-OKT. DI-SO 10-17 UHR +++

HEIMAT & HERZ

Im Zentrum von Cottbus findet man diesen instagramigen Laden, eine Mischung aus Bäckerei, Café und Feinkostgeschäft. Hausgebackenes Brot, hausgemachtes Pesto und Produkte der Region.

+++ MÜHLENSTR. 7, 03046 COTTBUS +++ 0355/3555444 +++ MO-SA 8-18 UHR +++

AUSSPANNEN

BADESTRAND PARTWITZER SEE
Viele Seen und Badestellen im Lausitzer Seeland sind erst im Werden. Der Sandstrand am Partwitzer See ist schon fertig. Also nichts wie hin!
+++ 02979 KLEIN PARTWITZ +++

TROPICAL ISLANDS
Die größte freitragende Halle der Welt bietet Lagunen, Pools, Wasserfälle und einen Sandstrand samt Palmen. Im Regenwald leben Aras, Flamingos und Schildkröten. Übernachtet wird in Lodges und Zelten.
+++ TROPICAL-ISLANDS-ALLEE 1, 15910 KRAUSNICK +++ TROPICAL-ISLANDS.DE +++ RUND UM DIE UHR GEÖFFNET +++ TAGESTICKET 46 EURO, ERM. 36,50 EURO +++

SHOPPEN

MODEATELIER WURLAWY
Die junge Designerin Sarah Gwiszcz kreiert szenige Mode, die an sorbische Trachten angelehnt ist. Wurlawy sind übrigens Geisterfrauen aus dem Spreewald.
+++ EHM-WELK-STR. 27, 03222 LÜBBENAU +++ WURLAWY.DE +++ DI-FR 12-18 UHR, SA 11-16 UHR +++

SPREEWALDRABE

An Spreewaldgurken führt kein Weg vorbei! Es gibt sie in verschiedenen Geschmacksrichtungen. Im Familienbetrieb Spreewaldrabe kann man auch an Führungen teilnehmen.

+++ BOBLITZER CHAUSSEESTR. 16, 03222 LÜBBENAU +++ SPREEWALDRABE.DE +++ WERKSVERKAUF MO-FR 8-17 UHR, IM WINTER BIS 16 UHR +++

SCHLAFEN

SCHLOSSHOTEL FÜRSTLICH DREHNA

Herrlich und sehr ruhig gelegenes Wasserschloss (ein Vier-Sterne-Superior-Haus) im schönsten Dorf auf weiter Flur. Darin gibt es 26 Zimmer, dazu 24 Zimmer im Amtshaus nebenan. Drumherum ein großer Park zum Spazierengehen. Wellnessbereich mit Pool. DZ ab ca. 168 Euro mit Frühstück.

+++ LINDENPLATZ 8, 15926 FÜRSTLICH DREHNA +++ SCHLOSS-DREHNA.DE +++ 05324/3030 +++

SPREEWALD-NATUR-CAMPING AM SCHLOSSPARK

Beste Lage in Lübbenau und zugleich idyllisch von den Spreefließen umarmt. Ein toller Platz, an den wir immer wieder gerne zurückkehren. Neben Stell- und Zeltplätzen gibt es auch Hütten und Ferienhäuser. Trotz seiner Größe schnell ausgebucht. Ganzjähriger Betrieb.

+++ SCHLOSSBEZIRK 20, 03222 LÜBBENAU +++ SPREEWALDCAMPING-SCHLOSS.DE +++ 03542/3533 +++

6
SÜDEN
+++ ERLEBEN +++

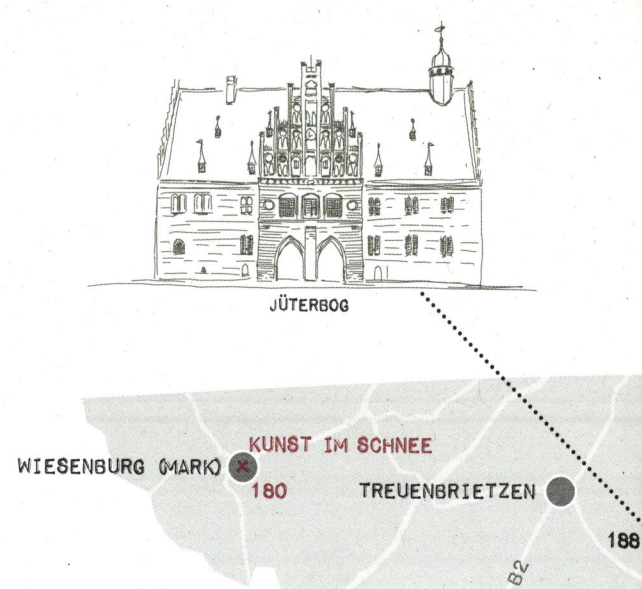

JÜTERBOG

WIESENBURG (MARK) KUNST IM SCHNEE
180   TREUENBRIETZEN

188

B2

WER EINE LEICHE VERBUDDELN WILL, ist im Fläming richtig. Wo man vor lauter Kiefern den Wald nicht mehr sieht, kriegt das nämlich so schnell keiner mit ... Der dünn besiedelte Höhenzug südlich von Potsdam ist ein Dorado für Radler und Wanderer, und auch die touristische Infrastruktur ist gar nicht so verkehrt. Das kann man vom weiter südlich gelegenen Elbe-Elster-Land nur bedingt behaupten. Aber auch dort kann man Abenteuer erleben!

BRANDENBURG

SÜDEN-->

BRIKETTFABRIK LOUISE

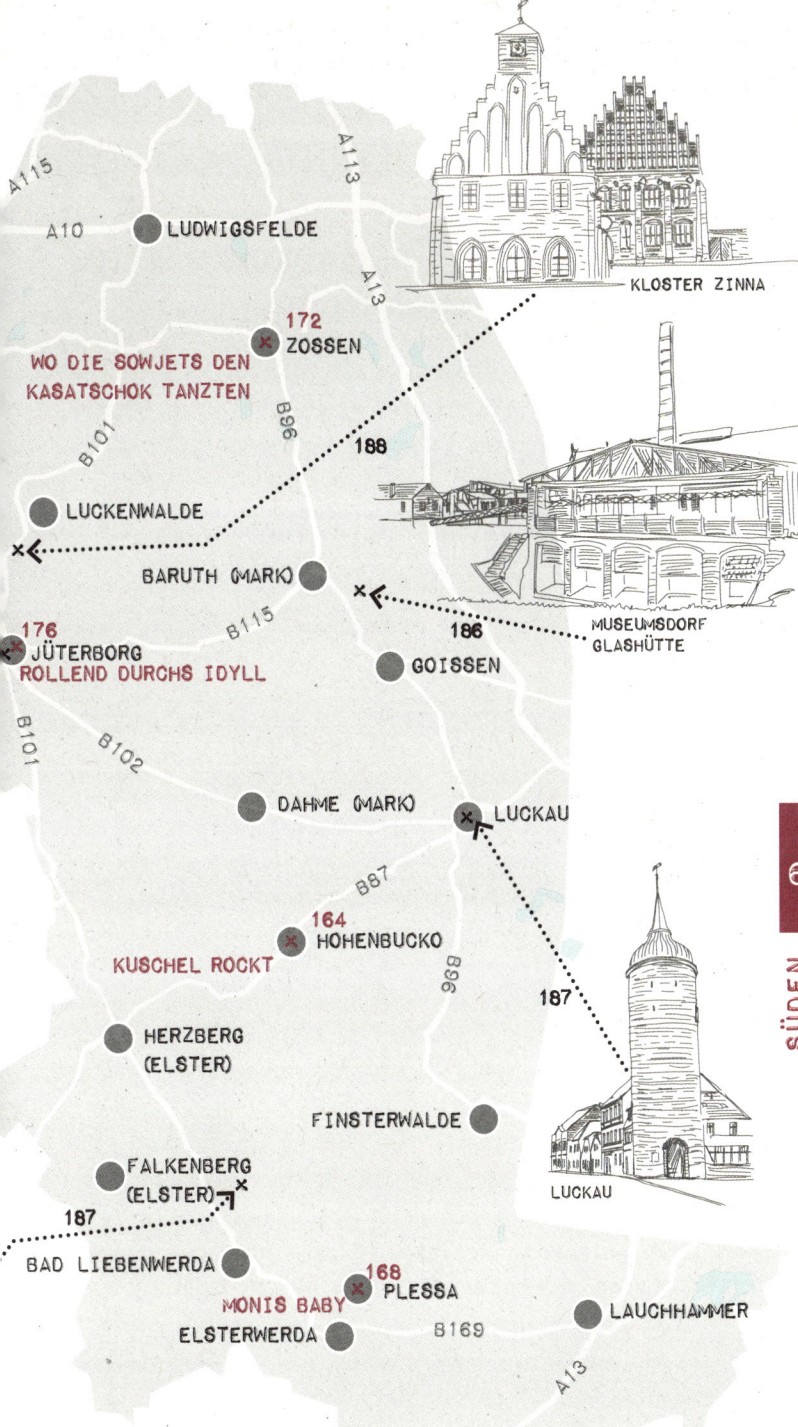

KUSCHEL ROCKT

ALPAKA-WANDERUNG IN HOHENBUCKO

SÜDEN--> × HOHENBUCKO

+++ **STECKBRIEF** +++
WO? ALPACA ISLAND. DORFSTR. 46. 04936 HOHENBUCKO +++ VON BERLIN SÜDKREUZ MIT DER RE3 ODER RE4 BIS JÜTERBOG. WEITER MIT DEM RUFBUS 522 BIS HOHENBUCKO DORFMITTE. DAUER CA. 90 MINUTEN +++ WANN? NACH ABSPRACHE +++ ALPACA-ISLAND.DE +++ WIE LANGE? 2-3 STUNDEN +++ WIE VIEL? 25 EURO PRO TIER +++

»SO'N JESABBERE! So'n Orjasmus wie die hab ick noch nie jehabt.« Keine Sorge, wir sind hier nicht bei einem Brandenburg-Porno-Dreh, sondern unterwegs auf einer Alpaka-Wanderung. Unser Guide Gundolf, ein Mittsechziger mit Lemmy-Kilmister-Bart, klärt uns gerade über das Sexualleben von Alpakas auf. Wir hören und staunen, während wir Benito (rotbraun wie ein Blumentopf) und Belis (sandfarben) an Kordeln hinter uns herziehen. Ja: ziehen. Tiefenentspannt sei ein Spaziergang mit Alpakas, hörten wir immer. Hm. Kommt wohl auf die Tagesform der Tiere an. Unsere auf jeden Fall haben ihre eigenen Köpfe. Benito kann bockig sein wie Mussolini, während Belis in Richtung Zicke tendiert. Sie wollen nicht nebeneinanderher laufen. Können sich irgendwie nicht leiden, heute zumindest nicht. Zischen sich an und bleiben stehen, wenn sie sich zu nahe kommen.

»DIE CHEMIE MUSS STIMMEN«, gab uns Alpakazüchter Mathias mit auf den Weg. Und in der Tat: Jetzt, etwa nach einer halben Stunde, stimmt die Chemie immer besser. Zwar noch nicht zwischen Benito und Belis, dafür zwischen uns und ihnen. Okay, wir geben zu: Wir erschleichen uns ihre Zuneigung. Jeder von uns bekam eine Tüte klein geschnittener Möhren, mit denen wir die Tiere bei Laune halten sollen. Ein Möhrchen scheint das Signal für »Gehen« zu sein, kein Möhrchen das für »Stehen«. Die Möhrchen sind unser Schmiergeld, und die Alpakas wissen es einzufordern. Mit Sturheit und Blicken. Unsere nonverbale Kommunikation findet auf Augenhöhe statt, denn die lustigen Alpaka-Köpfe sitzen auf enorm langen Hälsen. Ihre Mimik ist leicht alfig. Den Unterkiefer können sie so zur Seite schieben, dass er bei Regen vollläuft. Tiefdunkel sind die Augen mit den langen Wimpern. Darüber eine Retro-Frisur vom Feinsten. Und ein Fell wie ein Flokati. Ein Kuscheltier spazieren zu führen, das hat schon was! Wieder fordern sie ein Möhrchen. Sanfte Lippen, harmlose Beißerchen, dazu ein wenig Alpakaspucke. Ein kleiner Junge kommt uns mit seinen Eltern entgegen und ruft: »Schau mal, Mama, Algakas!«

WIR GEHEN DURCH WALD und vorbei an Feldern. Die beiden Freaks trotten mittlerweile ganz entspannt neben uns her. Wenn sie einen anschauen, kommt man nicht umhin zu lächeln. Kein Wunder, dass die Tiere für Therapien eingesetzt werden. Es scheint auch, dass das Eis zwischen Benito und Belis zu schmelzen beginnt. Zuweilen hört man die beiden quietschen wie eine Tür, die mal geölt werden müsste. Das klingt vergnügt. Bis zu 25 Jahre können Alpakas übrigens werden. Unsere beiden sind erst fünf und sechs. Pubertiere also. Mit südamerikanischem Temperament.

Zurück auf dem Hof ein letzter Streichler. Dann verschwinden Belis und Benito grußlos in Richtung Weide zu ihren rund 100 Kumpels. Guide Gundolfs Freundeskreis dürfte mittlerweile kleiner sein. Viele machten rüber nach der Wende. Zu DDR-Zeiten trank man sein Bier noch in der Kneipe beim Bahnhof, erzählte uns Gundolf. Die ist längst geschlossen. Heute trinkt man in Hohenbucko sein Bier zu Hause. Die Menschen gingen, die Alpakas kamen. Strukturwandel in Brandenburg.

WENN MAN SCHON MAL **HIER** IST:

Wer mag, kann in einem **Sleeperoo** direkt auf der Alpaka-Weide übernachten. Sleeper-was? Sleeperoos ⟶ sind weiße Würfel mit Panoramafenstern und transparentem Dach, die an zig ungewöhnlichen Orten Deutschlands stehen und das besondere Schlaferlebnis versprechen. Auf zwölf Kubikmeter Raum passen ein bequemes Bett und ein kleiner Schrank. Der Wecker: neugierige Alpakas, die durchs Fenster gucken. Ab 130 Euro für 2 Personen/Nacht (sleeperoo.de).

MONIS BABY

FÜHRUNG DURCH DAS STILLGELEGTE BRAUNKOHLEKRAFTWERK PLESSA

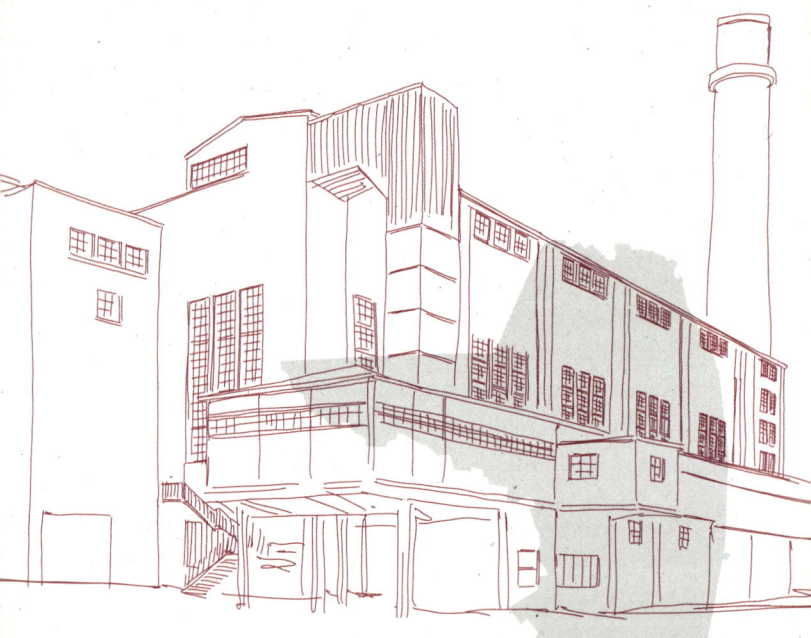

SÜDEN--> × PLESSA

+++ **STECKBRIEF** +++
WO? AM KRAFTWERK 1, 04928 PLESSA +++ VON BERLIN SÜDKREUZ MIT DER RE3 BIS FALKENBERG/E. UND VON DORT WEITER MIT DER S4 BIS PLESSA; DAUER CA. 2 STUNDEN. MIT DEM AUTO CA. 90 MINUTEN +++ WANN? NACH ABSPRACHE (0176/24861744) +++ KRAFTWERK-EVENTS.DE +++ WIE LANGE? CA. 2.5 STUNDEN +++ WIE VIEL? 10 EURO +++

GÜNSTIG

HOHES GRAS WIEGT SICH IM WIND.

Die ersten Herbstblumen blühen gelb. »Wie cool ist das denn, die Holunderbeeren sind reif!«, ruft Moni. Wir spazieren über das langsam verwildernde Areal des Braunkohlekraftwerks Plessa, des ältesten Europas. 1927 ging es in Betrieb, 1992 wurde es vom Netz genommen. Moni, genauer Monika Werner, geht voraus. Moni selbst ist Baujahr 1957. 1,54 Meter groß. Schuhgröße 35. Das und noch viel mehr wird uns die jung gebliebene Ex-Maschinistin mit der Raucherstimme und den schwarz gefärbten Haaren in den nächsten Stunden verraten. Ihre Führung ist gespickt mit technischem Detailwissen und Anekdoten aus dem Kraftwerksalltag. Dem Alltag in einem Kraftwerk, in dem einmal 380 Menschen arbeiteten. »Und ich gehörte zum Inventar«, sagt Moni. »Von 1975 bis zum bitteren Ende. Das Licht ausgemacht habe ich allerdings nicht. Das wollte keiner tun.«

WEHMUT SCHWINGT IN IHRER STIMME MIT,
aber auch Stolz. Wir stehen da, mit dem Kopf im Nacken, und blicken auf eine Kathedrale der Technik. Ein Stahlskelettbau mit Klinkerverblendung, die beiden Türme weit über 100 Meter hoch. Schon zu DDR-Zeiten wurde das Gebäude mit seiner beeindruckenden Ästhetik unter Denkmalschutz gestellt. In seinen letzten Jahren lieferte es etwa 34 Megawatt Strom. Das reicht, um 340.000 Glühlampen mit je 100 Watt leuchten zu lassen.

Wer Strom produzieren will, braucht Kohle, und die kam per Zug aus den nahen Braunkohlegruben. Moni führt uns in den Außenbunker, wo täglich 1.900 Tonnen in acht Waggons eintrafen – die alte Lokomotive steht noch da. Durch düstere Gänge und über Treppen steigen wir auf ins imposante Kesselhaus. Industrial-Ambiente vom Feinsten. Wo vormals der 375 Grad heiße Dampf in fünf Kesseln zum Antrieb der Turbinen erzeugt worden war, fanden nach der Wende Partys statt. »Von Ü30 bis Techno«, sagt Moni. Auch das Fernsehen schaute im »Erlebniskraftwerk Plessa« vorbei. Und heute? Heute flattern in der heiligen Halle Vögel, tummeln sich Ratten und selbst Waschbären. »Ist schon traurig, mit anzusehen, wie hier alles zusammenfällt.«

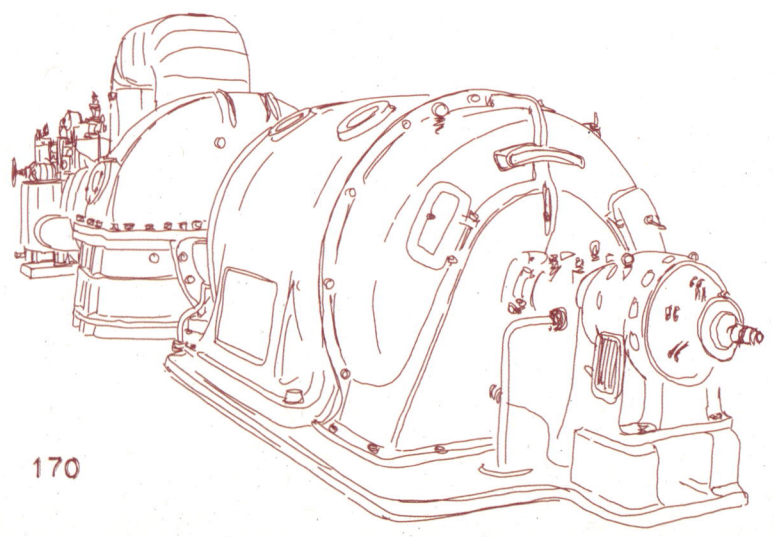

EINEM FÖRDERVEREIN ist es zu verdanken, dass das Industriedenkmal, Eigentum der Gemeinde Plessa, nicht noch mehr verrottet. Gut in Schuss ist noch die Turbinenhalle, wohin uns Moni jetzt mit Vehemenz lotst. Kein Wunder, da war ihr Arbeitsplatz. Mit fast feuchten Augen zeigt sie uns »ihre« Turbine 1. Ein Original von Siemens-Schuckert aus dem Jahr 1926. »Das war mein Baby«, sagt Moni. Sie war dafür verantwortlich, dass die Turbine reibungslos lief. Auch unsere letzte Station, das Gehirn des Kraftwerks, der Schaltraum mit seinen Retro-Telefonen, sieht aus, als könnte man die Turbinen ruckzuck wieder hochfahren. Die Messingarmaturen wirken wie frisch gewienert, eine Glaskuppel spendet Tageslicht.

Auf dem Weg zurück zum Pförtnerhäuschen passieren wir die Kantine, wo es laut Moni »Schlabberkram« und »Tote Oma« gab. Wo man zusammensaß. Alles aus und vorbei. Alle weg. Moni schwingt sich aufs Rad und verabschiedet sich. Ob sie noch Holunderbeeren pflücken geht?

WENN MAN SCHON MAL **HIER** IST:

Auf zu den **Biotürmen Lauchhammer!** ▢→ 12 Kilometer östlich von Plessa schauen 24 rund 22 Meter hohe Klinkertürme in den brandenburgischen Himmel. Die seltsamen Gebilde aus den 1950er-Jahren sind die einzigen Überbleibsel einer riesigen, 1994 abgerissenen Kokerei. Sie dienten zur Reinigung der bei der Kokserzeugung entstandenen Abwässer. Im Sommer gibt es Führungen (Anmeldung unter 0172/4114214). Ansonsten bleibt einem nur der Blick über den Zaun.

WO DIE SOWJETS DEN KASATSCHOK TANZTEN

FOTOTOUR WÜNSDORF: VON DER VERBOTENEN STADT ZUM LOST PLACE

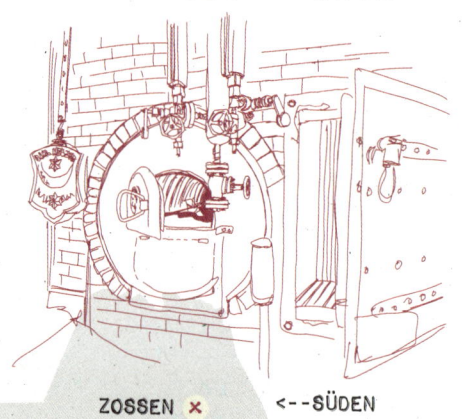

ZOSSEN ✖   <--SÜDEN

+++ **STECKBRIEF** +++
WO? HAUPTALLEE 116-118, 15806 ZOSSEN (OT WÜNSDORF) +++ VON BERLIN SÜDKREUZ MIT DER RE3 BIS WÜNSDORF-WALDSTADT. VON DORT NOCH 1.200 METER ZU FUSS; DAUER DER ANFAHRT ETWAS ÜBER 1 STUNDE +++ **WANN?** FOTOTOUREN ETWA JEDES ZWEITE WOCHENENDE. FÜHRUNGEN IM SOMMER STETS SONNTAGS +++ GO2KNOW.DE (FOTOTOUREN) BZW. BUECHERSTADT.COM (FÜR FÜHRUNGEN) +++ **WIE LANGE?** FOTOTOUREN SO LANGE MAN WILL (MAX. 6 STUNDEN). FÜHRUNGEN 2 STUNDEN +++ **WIE VIEL?** FOTOTOUREN 70 EURO. FÜHRUNGEN 15 EURO +++

WÜNSDORF. DAS WAR MAL SPERRGEBIET.

Für Deutsche nicht zugänglich. Schlagbäume versperrten die Zufahrtsstraßen. Wünsdorf war Militärstadt, Sitz des Oberkommandos der sowjetischen Streitkräfte. Bis zu 70.000 Menschen lebten hier. Soldaten mit ihren Familien. Vom Bahnhof Wünsdorf fuhr täglich ein Zug direkt nach Moskau. Heute hält hier noch die Regionalbahn. Und in der sitzen wir auf dem Weg zu unserer Fototour. Wir waren schon mal in Wünsdorf. Waren damals dem ausgeschilderten Rundweg durch die »verbotene Stadt« gefolgt. Er führt bis in den Ortsteil Waldstadt. Dieser nennt sich auch »Bücherstadt« – wegen der Antiquariate. Und »Bunkerstadt« – denn hier entstand unter den Nazis das Hauptquartier für das Oberkommando des Heeres. »Bauzaunstadt« wäre auch passend – hinter Zäunen verstecken sich die maroden Kasernen- und Bunkeranlagen.

»BETRETEN VERBOTEN« prangt es allerorts. Damit sich die Tore öffnen, muss man eine Führung oder eben eine Fototour buchen. Diese Touren führen durch ein Areal, das als kaiserliche Militärturnanstalt ins Leben gerufen wurde. Im Mittelpunkt ein prächtiger Bau, einem zweiflügeligen Schloss ähnlich, mit Turmuhr auf dem Dach. Die Sowjets machten ihn zum Haus der Offiziere. Hier hatte der Oberkommandierende seine Empfangsräume. Es gab darin aber auch eine Musikschule, ein Museum, einen Ballettraum, eine Bibliothek und vieles mehr. Wir durchschreiten dunkle Korridore mit 1001 Türen. Atmen den vergessenen Geruch des Ostblocks. Blicken in Räume, in denen die Farbe von den Wänden blättert. Blicken in Toiletten, die von einem Plätzchen im Wald träumen lassen. Sehen Zwerge an die Wand gemalt – der Kindergarten der Offizierssöhne? Sehen ein Tonstudio, die Kabel des Mischpults herausgerissen. Entdecken das Relief eines Soldaten neben einer Mutter mit Kind und einem Porträt von – Stalin? Der Vorteil einer Führung: Man bekommt alles erklärt. Bei einer Fototour muss man sich das Wissen selbst erarbeiten, hat aber niemanden im Sucher.

DEM HAUS DER OFFIZIERE ist die alte Badeanstalt angeschlossen. Mystisch fallen Lichtstrahlen in das Kesselhaus. Der Umkleideraum führt zu grünen Duschen vor blauen Fliesen. Das Schwimmbecken ist ohne Wasser, die rot-weißen Trennleinen zur Markierung der Bahnen aber sind noch gespannt. Der Blick in die Sauna: ein Blick ins Schwarze. Daneben die Speiseanstalt mit mächtigem Säulenportal – innen leer geräumt. Und gegenüber die alten Turnhallen. Die Sowjets verwandelten sie in ein Kulturzentrum. Die Fechthalle wurde zum Festsaal, die Reithalle zum Empfangssaal. Das Highlight aber ist der Theatersaal. Die gesamte Obermaschinerie der Bühne mit den Zugstangen für den Wechsel der Dekorationen ist noch da. Wir nehmen Platz im Zuschauerraum. Auf einem roten Klappsitz in Reihe 13. Blicken kurz zur Bühne und auf den Fahnenschmuck über dem roten Vorhang. Dann schließen wir die Augen und sehen auf einmal Soldaten leichtfüßig den Kasatschok tanzen. Vernehmen das Bläsertriumphal, hören das Publikum klatschen und durch die Finger pfeifen.

WENN MAN SCHON MAL **HIER** IST...

... und auch eine Taschenlampe und Jacke dabeihat, kann man noch an einer Bunkertour teilnehmen. Die Jacke ist wichtig, denn in den **Bunkern** ☐→ herrschen im Sommer wie im Winter Temperaturen von um die 10 °C. Sie können zwischen den Generalstabs- und Nachrichtenbunkern des Oberkommandos des deutschen Heeres und russischen Bunkeranlagen wählen – alle Touren sind auf ihre Art spannend (bücherstadt.com).

ROLLEND DURCHS IDYLL

AUF INLINERN UNTERWEGS IN DER FLAEMING-SKATE

× JÜTERBORG

SÜDEN-->

+++ S T E C K B R I E F +++
WO? DAS ZENTRUM DER FLAEMING-SKATE-REGION IST JÜTERBOG +++ JÜTERBOG ERREICHT MAN VON BERLIN HBF. MIT DER RE3 IN 50 MINUTEN +++ WANN? IMMER +++ FLAEMING-SKATE.DE +++ WIE LANGE? ZWISCHEN EINER STUNDE UND MEHREREN TAGEN +++ WIE VIEL? KOSTENLOS BIS AUF EVTL. LEIHGEBÜHREN (Z. B. IM HOTEL ZUM EICHENKRANZ BEI LUCKENWALDE. HOTELEICHENKRANZ.COM. 8 EURO INKL. SCHUTZAUSRÜSTUNG) +++

176 KOSTENLOS, FAMILIENFREUNDLICH

AUTSCH! Kaum fünf Minuten auf den Inlineskates, und schon lande ich unsanft auf dem Hosenboden. Dabei hatte ich gedacht, Skaten verlerne man nie, ähnlich wie Schwimmen. Das kann ja heiter werden. Ich rapple mich mit zitternden Knien und Michaels Unterstützung langsam wieder auf. Der verdrückt sich ein Grinsen. Frechheit! Schließlich bin ich es, die sich traut. Seit über 20 Jahren bin ich zum ersten Mal wieder auf Inlinern unterwegs, um das Abenteuer Flaeming-Skate zu erleben. Ich bin stolz auf mich. Michael hingegen stand noch nie in seinem Leben auf Rollen oder Kufen – und probiert es auch jetzt nicht. Entsprechend reduziert ist sein Wissen darüber. »Sag mal, haben die dir eigentlich zwei unterschiedliche Schuhe gegeben?«, fragte er mich, als ich in die Inliner schlüpfte. Die Sache mit dem Stopper, der sich nur an einem Schuh befindet, war ihm nicht bekannt.

DIE FLAEMING-SKATE südlich von Berlin ist ein Superlativ und gleichzeitig fast ein Geheimtipp. Die größte zusammenhängende Skate-Region Europas bietet ein 230 Kilometer langes Wegenetz aus feinstem Asphalt. Glatt wie ein Kinderpopo, zwei bis drei Meter breit.

Im Vorfeld habe ich mich schlaugemacht. Acht verschiedene Rundkurse (= RK) durch die aparte Landschaft werden auf der Webseite vorgeschlagen. Diese sind zwischen elf und 92 Kilometer lang und werden den unterschiedlichsten Ansprüchen gerecht. Manche Rundkurse weisen Steigungen und Gefälle auf, die man in Brandenburg so kaum erwarten würde – nichts für mich. »Sie sind neu auf Skates oder mit Kindern unterwegs? Dann ist der RK 2 Ihre Strecke.« RK 2 klang gut für den Wiedereinstieg ins Skaterleben. Ein Anfängerrundkurs, nur 12 Kilometer lang. Praktischerweise liegt direkt an der Strecke auch das skaterfreundliche Hotel zum Eichenkranz, wo Inline-Skates samt Hand-, Knie- und Ellbogenschoner verliehen werden. Als Kopfschutz dient mein Fahrradhelm. Michael trägt ebenfalls Helm. Er radelt neben, vor oder hinter mir her. Die Skatestrecken sind auch ideale Radwege.

IMMER WIEDER KOMMEN UNS andere Skater entgegen. Oder überholen uns. Von ihrer Eleganz bin ich weit entfernt. Von ihrem Tempo auch. Wie sie dahingleiten. Ihr Schwung, ihr Schlittschuhschritt – alles sieht so leichtfüßig aus. Aber immerhin, meine anfängliche Wackligkeit auf den Beinen ist verflogen. Keine Ängstlichkeit mehr, keine Schüchternheit. Ich werde gelassener, genieße das Skaten, entdecke die unglaublich meditative Komponente dieser Sportart neu. Und nehme nun auch die liebliche Szenerie um mich herum wahr: Pferdekoppeln, Weiden, Kanälchen.

Zunehmend aber machen sich auch meine Muskeln bemerkbar – beziehungsweise meine nicht vorhandenen. Und dazu meine alten Knochen. Meine Hüfte! Meine Waden! Unsere kleine Pause auf den Picknickbänken neben einem roten Klatschmohnfeld tut gut. Eine Stunde später taucht das Hotel zum Eichenkranz wieder vor uns auf. Schade, ein paar Kilometer mehr hätten es schon sein können. Ja, ich habe Blut geleckt. Auf Wiedersehen, Flaeming-Skate!

WENN MAN SCHON MAL **HIER** IST:

Die Flaeming-Skate bietet, je nach Rundkurs, unterschiedlichste Sehenswürdigkeiten rechts und links der Strecke. Wer sich auch etwas angucken will, sollte Schuhe im Rucksack haben, sonst wird's auf Dauer ungemütlich (Kopfsteinpflaster!). Eine bildhübsche Altstadt hat **Jüterbog** (RK 4). Auch das **Kloster Zinna** ↦ (RK 1 und RK 5) mit Ursprüngen im 14. Jahrhundert ist eine Pause wert. Beide Sehenswürdigkeiten sind auf S. 188 beschrieben.

KUNST IM SCHNEE

AUF DEM KUNSTWANDERWEG HOHER FLÄMING IM WINTER

x WIESENBURG (MARK)   <--SÜDEN

+ + + S T E C K B R I E F + + +
WO? START UNSERER TOUR AM BAHNHOF VON 14827 WIESENBURG (MARK). ENDE AM BAHNHOF VON 14806 BAD BELZIG +++ LÄNGE DER TOUR CA. 16 KILOMETER +++ VOM BAHNHOF ZOOLOGISCHER GARTEN ERREICHT MAN WIESENBURG MIT DER RE7 IN CA. 1 STUNDE. VON BAD BELZIG GELANGT MAN MIT DER RE7 AUCH WIEDER ZURÜCK NACH BERLIN +++ WANN? IMMER. NICHT NUR IM WINTER +++ KUNST-LAND-HOHER-FLAEMING.DE/KUNSTWANDERWEG +++ WIE LANGE? LÄNGE DIESER TOUR CA. 4.5 STUNDEN +++ WICHTIG! VON DER WEBSEITE LÄSST SICH EIN INFORMATIVER AUDIOGUIDE ZUM KUNSTWANDERWEG HERUNTERLADEN +++ WIE VIEL? KOSTENLOS +++

180 KOSTENLOS

UNSERE BLICKE VERSINKEN im Wintermärchen. Um uns herum nur Weiß. Würde noch die Sonne vom blauen Firmament strahlen, so wäre das Wonderland perfekt. Heute aber liegt der Himmel wie eine dicke Daunendecke über dem Naturpark Hoher Fläming, den wir gerade durchstapfen. Na ja, man kann nicht alles haben. Schon allein der Schnee ist eine Sensation. Schnee in Brandenburg? So rar wie ein Berg in der pizzaflachen Landschaft. Also nichts wie raus! Wir haben uns für den Kunstwanderweg Hoher Fläming entschieden. Zumindest für einen Teil davon. Vier unterschiedliche Routen zwischen 16 und 20 Kilometern stehen zur Auswahl. Unsere Wahl fällt auf die Südroute. Der Wanderweg, in seiner Gänze mit 28 Arbeiten internationaler Künstler bestückt, entstand zwischen 2007 und 2010. Ein schönes Projekt, ganz nach dem Motto »Wandern und Wundern«.

WUNDERN TUN WIR UNS schon kurz hinter dem tagträumenden Örtchen Wiesenburg mit seinem Schloss samt Park. Dort nämlich blicken neun schwarz-weiße Kuheuter, jedes fast so groß wie ein Hüpfball, aus den Winterwiesen. Die belgische Künstlerin Silke de Bolle schuf sie in Erinnerung an die flämischen Zuwanderer, die sich im 12. Jahrhundert in der Mark Brandenburg ansiedelten und neue landwirtschaftliche Techniken mitbrachten. Vor diesem Hintergrund wurde die Südroute auch hauptsächlich von flämischen Kunstschaffenden bestückt.

Schon bald danach halten wir Ausschau nach einer versteckt im Wald stehenden Skulpturengruppe: drei Wölfe, die weniger gefährlich denn verletzlich wirken. Die Arbeit aus Metall stammt von der belgischen Künstlerin Marion Burghouwt. »Der Wolf ist zurück«, will sie uns damit zurufen und zugleich betonen: »Doch fürchtet euch nicht!« Natur und (Landschafts-)Kunst verschmelzen auf diesem Wanderweg. Dieser führt wieder aus dem Wald hinaus und vorbei an weitem Winterland. Im Sommer wiegt sich hier vermutlich das Korn im Wind. Blühen Rhododendronhecken, die im Juni eine wahre Pracht sein müssen.

DER EXTREM DÜNN BESIEDELTE hohe Fläming ist ein Paradies für Stillesucher. Unsere einzige Begegnung unterwegs: ein Bauer auf einem Traktor. Im erbspüreefarbenen Dorf Borne spitzen wir kurz in die kleine Feldsteinkirche, bevor wir weiterwandern. Ein Stück geht es parallel zu den Bahngleisen. Dann staunen wir, mit einem Thermoskannenkaffee in der Hand, fünf Kuben aus Eisenschrott im Schnee an. Der Berliner Künstler Karl Menzen hat sie in die Landschaft geworfen. Sie sollen an wüst und öd gewordene einstige Siedlungen erinnern. Etwas weiter staksen zwei Schwarzstörche aus bunten Glassteinen eine Betonstelenwand entlang. Mit ihnen hat der niederländische Künstler Egidius Knops einem weiteren Fläming-Bewohner ein liebenswertes Denkmal gesetzt.

Hier noch ein kurzer Stopp, dort ein Foto. Wir nähern uns Bad Belzig und damit dem Ziel unserer Wanderung. In unseren Köpfen ist Ruhe. Wir springen in die nächste Regionalbahn. Wärmen unsere Füße an der Heizung, schließen die Augen und lassen diesen schönen Wintertag noch einmal Revue passieren.

WENN MAN SCHON MAL **HIER** IST:

Das Heilbad Bad Belzig hat nicht nur einen Bahnhof, sondern auch eine pastellfarbene Altstadt mit stattlichem **Renaissance-Rathaus** und eine viel besuchte Therme (steintherme.de), deren jodhaltige Sole einen ähnlich hohen Salzgehalt wie das Tote Meer aufweist. Über Bad Belzig thront die **Burg Eisenhardt** □→. Ihr 24 Meter hoher Rundturm ist das Wahrzeichen der Stadt. Auf dem Burgareal befindet sich auch das Heimatmuseum (belzig.com).

WENN MAN SCHON MAL IM SÜDEN BRANDENBURGS IST

+++ SEHEN +++
+++ ESSEN +++
+++ SPORTELN +++
+++ SHOPPEN +++
+++ SCHLAFEN +++

MUSEUMSDORF GLASHÜTTE

Mitte des 19. Jahrhunderts zählte das Dorf Glashütte rund 450 Einwohner, die Baruther Glashütte war damals der größte Glasproduzent der Region. 1980 wurde der Betrieb eingestellt. Heute zählt Glashütte rund 50 Einwohner. Die denkmalgeschützte Siedlung dient als Museumsdorf, in dem man sich gut einen Nachmittag aufhalten kann. In den ehemaligen Produktionsräumen ist ein Museum untergebracht, in dem zu Demonstrationszwecken wieder Glas geblasen wird. Dazu gibt es Ferienwohnungen, Cafés und Läden, die alles Mögliche zwischen Glas, Wildschweinsülze und nachhaltiger Kleidung verkaufen. Man kann Töpfern beim Töpfern zusehen und – im Kräutergarten – Kräutern beim Wachsen.

+++ 15837 BARUTH, OT GLASHÜTTE +++ MUSEUMSDORF-GLASHUETTE.DE +++ FÜR DIE UNTERSCHIEDLICHEN ÖFFNUNGSZEITEN SIEHE WEBSEITE +++

LUCKAU

Das bildhübsche 9.500-Einwohner-Städtchen Luckau steht ganz im Zeichen des Barocks. Den Marktplatz schmücken Barockbauten, und auch die mächtige Hallenkirche St. Nikolai ist ein Barockwunder, allerdings nur in ihrem Inneren – von außen präsentiert sie sich im gotischen Gewand. Am anderen Ende der Altstadt kann man das Niederlausitz-Museum besuchen (niederlausitzmuseum-luckau.de), das auf dem Areal eines einstigen Dominikanerklosters und späteren Gefängnisses (bis 2005!) untergebracht ist. Prominentester Knasti: Karl Liebknecht (1916–1918).

+++ 15926 LUCKAU +++ LUCKAU.DE +++

BRIKETTFABRIK LOUISE

109 Jahre war die Brikettfabrik mit dem sympathischen Namen in Betrieb, von 1882 bis 1991. Mit 600 Tonnen Briketts am Tag gehörte die Louise zu den kleinsten Produktionsstätten dieser Art in der Region. Seit 1997 ist sie technisches Denkmal. Heute wird die Fabrik mit ihrem 68 Meter hohen Schornstein museal genutzt. Bei den Führungen sieht man Maschinen, die teils noch aus dem Gründungsjahr stammen.

+++ LOUISE 111, 04924 DOMSDORF +++ BRIKETTFABRIK-LOUISE.DE +++ FÜHRUNGEN APRIL–OKT. MO/DO/FR 10.30 UHR UND 13.30 UHR, SA/SO 10.30 UHR, 12.30 UHR UND 14.30 UHR +++ 8,50 EURO, ERM. 3 EURO +++

KLOSTER ZINNA

Hier heißt das Dorf wie die Abtei, also Kloster Zinna und nicht nur Zinna. Das namengebende Kloster, ein schmuckes Backsteinensemble aus dem 14. und 15. Jahrhundert, steht im historischen Dorfkern. Es beherbergt heute ein Museum, das über die Geschichte der Zisterzienser in der Region informiert. Sehenswert ist vor allem die Klosterkirche, die im 19. Jahrhundert neogotisch umgestaltet wurde. Im ehemaligen Siechenhaus nebenan werden Kräuteressenzen und der *Zinnaer Klosterbruder* hergestellt, ein Kräuterlikör.

+++ AM KLOSTER 6, 14913 KLOSTER ZINNA +++ TÄGL. (AUSSER MO) 10-17 UHR +++ 4 EURO, ERM. 2 EURO +++ KLOSTER-ZINNA.COM +++

←◻ JÜTERBOG

Und noch ein brandenburgisches Städtchen, das Schockverliebtheit auslösen könnte. Jüterbog gehört ohne Zweifel zu den schönsten Kleinstädten des Bundeslands. Ein backsteingotisches Rathaus am gepflasterten Marktplatz. Romantische Gässchen. Mittelalterliche Stadttore und Stadtmauern. Ein uraltes Kloster, in dem heute Kunst und Kultur zu Hause sind. Kirchenliebhaber schließlich zieht es in die Liebfrauenkirche, die in ihren Ursprüngen aus dem 12. Jahrhundert stammt. Eyecatcher dort: die detailreich bemalte Holzdecke.

+++ 03372 JÜTERBOG +++ JUETERBOG.EU +++

+ + + + + + + + + + + + + **ESSEN** + + + + + + + + + + + + +

GOLDENER HAHN

Der gediegene Traditionsbetrieb serviert deutsche Edelküche wie Wildschweinrücken mit Gewürzlack und Amaranth. Hauptgerichte ab 18 Euro. Übernachten kann man hier auch.

+++ BAHNHOFSSTR. 3, 03238 FINSTERWALDE +++ SCHREIBER-CUISINE.DE +++ 03531/2214 +++ DI-DO 17.30-22.30 UHR, FR/SA 12-14 UHR UND 17.30-22.30 UHR +++

HERMANNS RESTAURANT

Regionale Küche mit zeitgemäßem Pfiff. Wie wäre es z. B. mit Büffelbäckchen vom Jüterboger Bio-Büffel und Bierspätzle? Hauptgerichte 15 bis 21 Euro.

+++ MARKT 14, 14913 JÜTERBOG +++ HERMANNS-RESTAURANT.DE +++ 03372/215020 +++ DO-SA 17-22 UHR, SO 11.30-14.30 UHR +++

GASTHOF MORITZ

Sympathischer Landgasthof in einem Bauernhof, der seit 350 Jahren (!) von der gleichen Familie bewirtschaftet wird. Einfache, frische Küche, Bier aus dem Fläming. Innenhofterrasse, Pension und Landwirtschaftsmuseum.

+++ HAUPTSTR. 40, 14823 RÄDIGKE +++ GASTHOF-MORITZ.DE +++ 033848/60292 +++ MO/DI/FR/SA/SO 11-14 UHR UND AB 16 UHR, SO NUR BIS 18 UHR +++

CAFÉ-RESTAURANT IM BAHNHOF REHAGEN

Gepflegtes Lokal mit Terrasse neben den Gleisen, auf denen nur noch Draisinen verkehren. Flammkuchen und französische Gerichte bis 21 Euro. Leckere Kuchen.

+++ AM BAHNHOF REHAGEN 1A, 15838 REHAGEN/AM MELLENSEE +++ BAHNHOF-REHAGEN.DE +++ 033703/689692 +++ FR 18-21 UHR, SA 15-21 UHR, SO 12-2 UHR +++

+++++++++++++ SPORTELN +++++++++++++

COUNTRY GOLF WIESENBURG (MARK)

Hier gibt es einen 9-Loch-Naturgolfplatz. Zudem kann man Fußballgolf und Frisbeegolf spielen und selbst Boßeln. Noch nie gehört? Dann nichts wie hin!

+++ AM BAHNHOF 37, 14827 WIESENBURG (MARK) +++ 033849/909980 +++ COUNTRYGOLF.DE +++

WASSERSKIPARK ZOSSEN

Die Wasserski- und Wakeboardanlage bei Zossen ist 540 Meter lang. Einsteigerkurse werden angeboten. Wer sich nicht traut, chillaxt am Sandstrand.

+++ SCHÜNOWER STR. 19, 15806 ZOSSEN OT HORSTFELDE +++ 03377/203534 +++ WASSERSKIPARK-ZOSSEN.DE +++

+++++++++++++ SHOPPEN +++++++++++++

HOFLADEN ALPACA ISLAND

Im Hofladen der Alpaka-Farm (siehe S. 164) werden alle möglichen Produkte aus der Wolle der kuscheligen Tiere verkauft: hübsche Socken, Filz, Schals und Mützen.

+++ DORFSTR. 46, 04936 HOHENBUCKO +++ ALPACA-ISLAND.DE +++ UNREGELMÄSSIG GEÖFFNET, VORHER ANRUFEN (035364/559696) +++

GUT SCHMERWITZ □↑

Riesiger Betrieb aus dem 18. Jahrhundert, heute wird hier Biolandwirtschaft betrieben. Hofladen, Töpferei namens Königsblau Keramik, idyllisches Terrassencafé.

+++ GUTSHOF SCHMERWITZ 8, 14827 WIESENBURG (MARK) +++ GUT-SCHMERWITZ.DE +++ MO-FR 9-16 UHR, SA/SO BIS 17 UHR +++

+ + + + + + + + + + **SCHLAFEN** + + + + + + + + + + + + +

SCHLAFWAGENHOTEL BAHNHOF REHAGEN

Sehr originell: Hier übernachtet man in ehemaligen, umgebauten Waggons der Transsibirischen Eisenbahn. Komfortable Zimmer mit Bad, manche noch mit 1980er-Jahre-Transsib-Relikten. Mit Café-Restaurant (siehe S. 189). Das graue Dorf Rehagen selbst hat leider wenig Urlaubsqualität. DZ ab ca. 105 Euro mit Frühstück.

+++ AM BAHNHOF REHAGEN 1A, 15838 REHAGEN/AM MELLENSEE +++ BAHNHOF-REHAGEN.DE +++ 033703/689692 +++

CAMPINGPLATZ HOHER FLÄMING

Den kleinen, einfachen Platz haben wir sehr ins Herz geschlossen, wir sind mittlerweile mehrmals im Sommer da. Am Dorfrand, mit Blick über Kuhweiden. Liebevolle Bewirtung, relaxte Atmosphäre, saubere Sanitäranlagen. Ein guter Standort zur Erkundung des Hohen Flämings.

+++ BERGSTR. 24 A, 14823 RABENSTEIN/FLÄMING OT RÄDIGKE +++ 033848/60029 +++

7 SÜDWESTEN UND WESTEN

+++ ERLEBEN +++

POTSDAM, nur eine halbe Stunde mit der S-Bahn vom Zentrum Berlins entfernt, und sein seenreiches Umland spielen die Hauptrollen in diesem Kapitel. Hier geht es ein wenig urbaner zu als in der Überbeschaulichkeit anderer brandenburgischer Regionen. Idylle aber gibt's zuhauf auch in Potsdams Peripherie, vor allem rund um die Havelseen. Größtes Gewässer ist dabei der 786 Hektar große Schwielowsee.

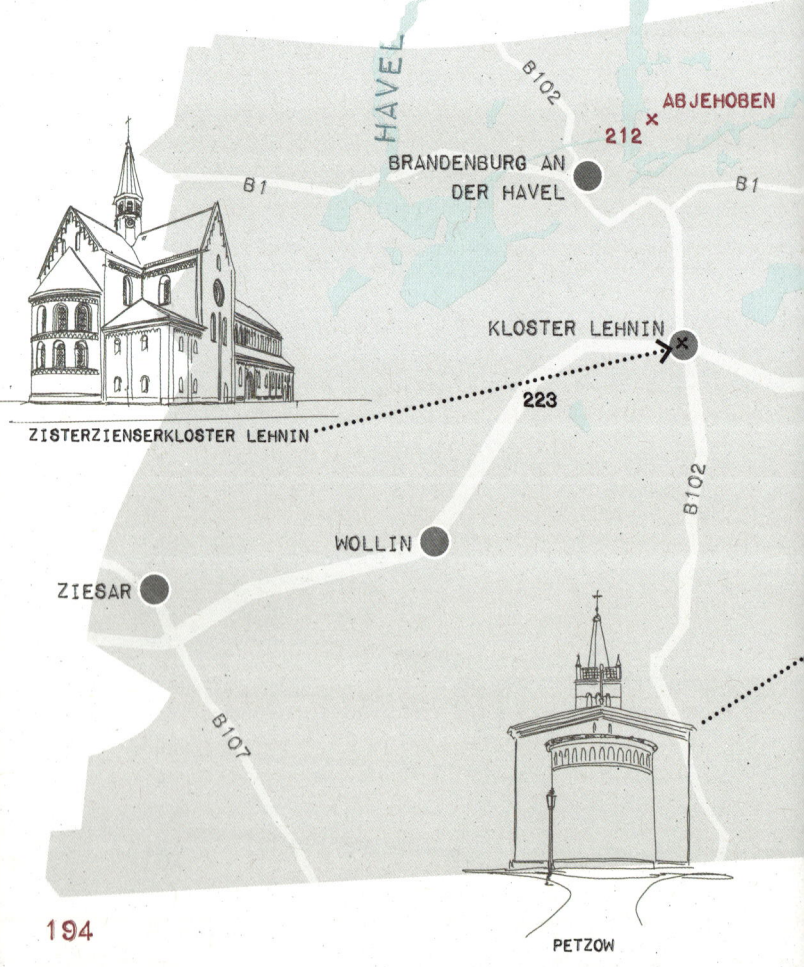

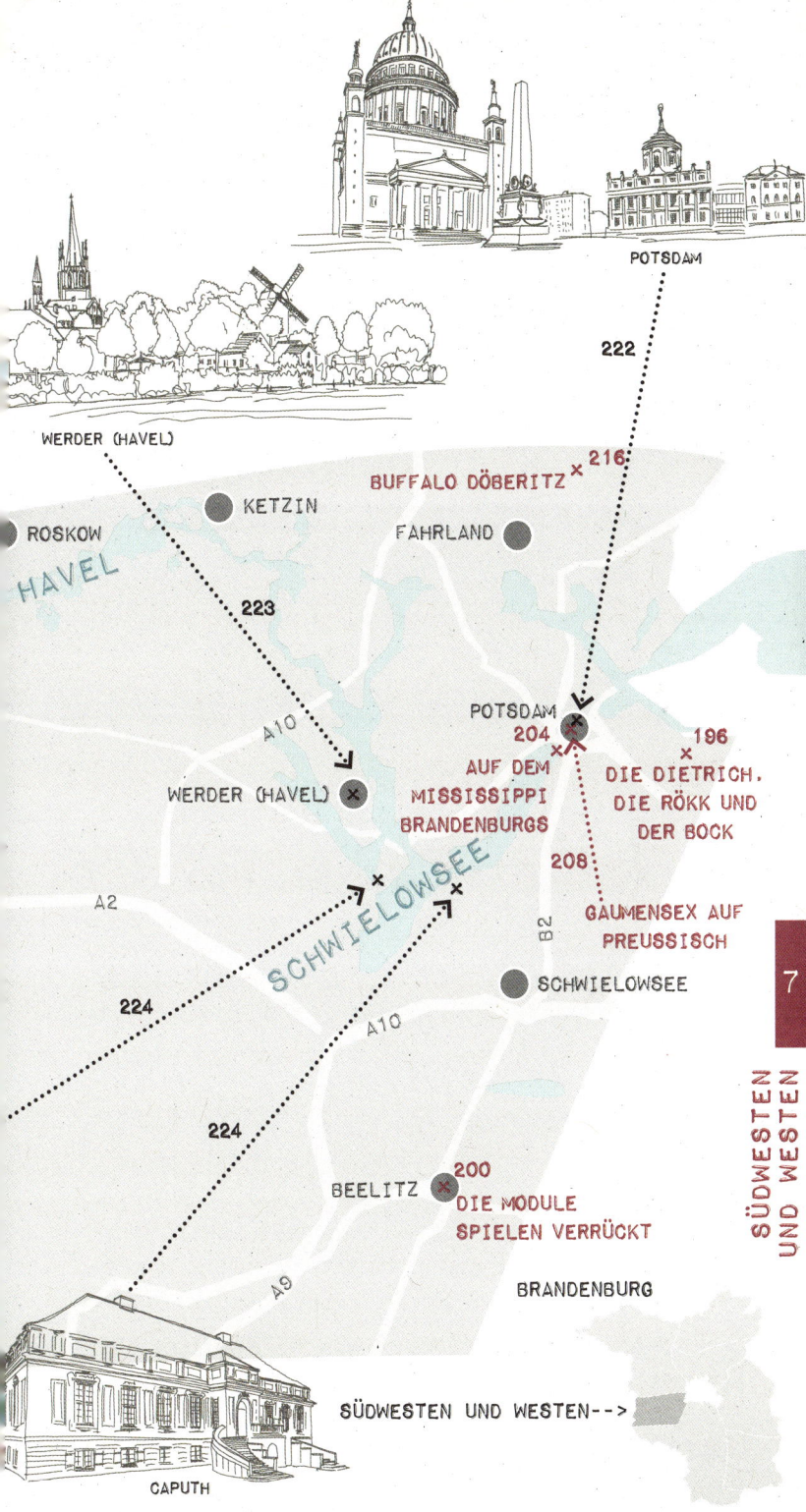

DIE DIETRICH, DIE RÖKK UND DER BOCK

SPAZIERGANG DURCH DIE VILLENKOLONIE NEUBABELSBERG IN POTSDAM

SÜDWESTEN UND WESTEN-->

+++ **STECKBRIEF** +++
WO? START UND ENDE AM S-BAHNHOF GRIEBNITZSEE, 14482 POTSDAM +++ MIT DER S7 VON BERLIN HBF. IN 30 MINUTEN ZU ERREICHEN +++ WANN? IMMER +++ WIE LANGE? CA. 2 STUNDEN +++ WIE VIEL? KOSTENLOS +++

196 KOSTENLOS

POTSDAM MACHT VIELERORTS auf dicke Hose. In Neubabelsberg, einem Villenviertel am Griebnitzsee, ganz besonders. *The Great Gatsby* lässt hier grüßen. Vom S-Bahnhof Griebnitzsee spazieren wir zur Karl-Marx-Straße. Als sie noch Kaiserstraße hieß, lebten hier jüdische Bankiers und Industrielle. Unter den Nazis wurden sie enteignet, mussten fliehen oder wurden deportiert. Ihre Nachfolger: Stars aus der Filmbranche. Zu DDR-Zeiten, als der Griebnitzsee Ost von West trennte, gammelten die Villen zweckentfremdet als Kindergärten oder Wohnheime vor sich hin. Dazwischen, während der Potsdamer Konferenz 1945, beherbergten sie die hohe Politik. An der Karl-Marx-Straße 2 beispielsweise, unserem ersten Stopp, pupste Präsident Harry S. Truman in die Federn und schickte nebenbei die Atombombe gen Hiroshima. Heute residiert hier die Friedrich-Naumann-Stiftung.

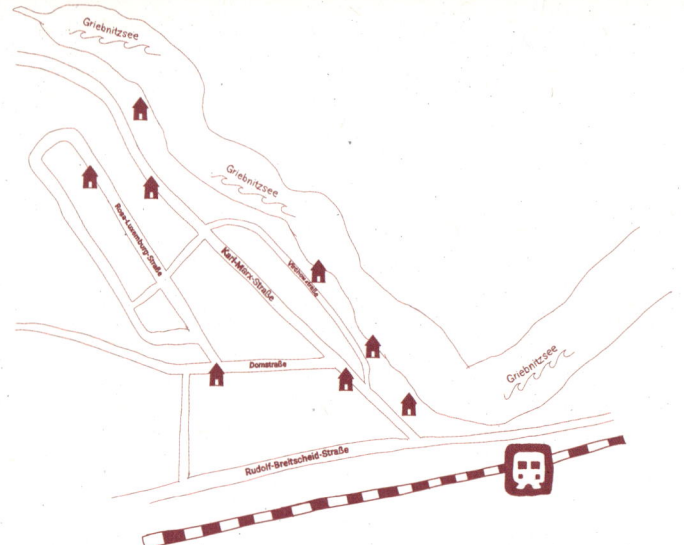

STALIN RESIDIERTE IN EINER VILLA,

die 1910/1911 für den Pelzmantelproduzenten Paul Herpich erbaut worden war (Karl-Marx-Straße 27). Und Winston Churchill? Der rauchte seine Zigarren ums Eck in der Urbig-Villa (Virchowstraße 32). Die neoklassizistische Walmdachvilla war 1915–1917 von Ludwig Mies van der Rohe errichtet worden. Von seiner klaren Formensprache war der Funktionalismusgott damals allerdings noch weit entfernt. Heute lebt dort der Kunstmäzen Hasso Plattner.
Ebenfalls in der Virchowstraße blicken wir auf ein riesiges Anwesen mit Fachwerkgiebel (Hausnummer 3). Es war im Besitz des Nazi-Spezis Günther Quandt. Er bewohnte die Villa mit seiner Frau Magda, besser bekannt als Magda Goebbels – zwei Jahre nach der Scheidung von Quandt heiratete sie Hitlers Chefpropagandisten. Goebbels trug den Spitznamen »Bock von Babelsberg« wegen seiner zahllosen Affären mit Ufa-Sternchen.
Weiter geht's zum Johannes-Strauß-Platz. In einer bezaubernden Backsteinvilla im englischen Landhausstil lebte Brigitte Horney (Hausnummer 11). Und ums Eck in der Domstraße 28: Marika Rökk! Wie Günther Quandt unterhielt auch sie enge Verbindungen zur Nazi-Elite, hofierte Hitler in schleimigen Briefen.

»DEIN IST MEIN GANZES HERZ« war ein Weltschlager des Tenors, Dirigenten und Schauspielers Richard Tauber. Auch er musste fliehen. Seine Villa steht noch heute. In der Rosa-Luxemburg-Straße 24.

Auf dem Rückweg zum S-Bahnhof schauen wir noch bei der Villa Lademann in der Karl-Marx-Straße 66 vorbei. Das weiße Schlösschen mit angedeuteten Zinnen wurde 1895 für den Generalleutnant Oskar Lademann errichtet. Architekt: Gustav Lilienthal, der Bruder des Flugpioniers Otto Lilienthal. Die UFA nutzte die Villa später als Gästehaus für Celebrities wie Heinz Rühmann, Hans Albers oder Marlene Dietrich.

Anders als die Rökk war die Dietrich eine Diva mit Moral. Astronomische Filmgagen, die ihr vom Babelsberger Bock persönlich unterbreitet wurden, lehnte sie ab. Stattdessen nahm sie die US-amerikanische Staatsbürgerschaft an und wandte sich in BBC-Radiosendungen persönlich an deutsche Frontsoldaten: »Jungs, opfert euch nicht! Der Krieg ist Scheiße. Hitler ist ein Idiot.«

WENN MAN SCHON MAL **HIER** IST:

Vom Villenviertel Neubabelsberg ist man schnell hinübergesprungen zum **Park Babelsberg samt Schloss**, einem bezaubernden Fleckchen Potsdam ☐→ am Tiefen See. Ein Wegenetz von rund 20 Kilometern führt durch den Park, für den übrigens der Eiscreme-Fürst Pückler-Muskau verantwortlich zeichnet (siehe S. 155). Das Schloss im Stil der englischen Tudorgotik wurde ab 1833 als Sommerresidenz für den preußischen Prinzen von Karl Friedrich Schinkel errichtet (spsg.de).

DIE MODULE SPIELEN VERRÜCKT

ERLEBNIS LUNGENHEILANSTALT BEELITZ-HEILSTÄTTEN

SÜDWESTEN
UND WESTEN-->

BEELITZ ×

+ + + S T E C K B R I E F + + +
WO? STRASSE NACH FICHTENWALDE 13, 14547 BEELITZ-HEILSTÄTTEN +++ VON BERLIN ZOOLOGISCHER GARTEN MIT DER RE7 BIS BEELITZ-HEILSTÄTTEN. VON DA NOCH CA. 700 METER ZU FUSS; HINWEG CA. 45 MINUTEN +++ WANN? DAS AREAL IST VON APRIL BIS SEPTEMBER TÄGL. 10-19 UHR GEÖFFNET. IM MÄRZ, OKTOBER UND NOVEMBER BIS SONNENUNTERGANG. FÜHUNGEN MEIST MEHRMALS TÄGLICH +++ BAUMUNDZEIT.DE +++ WIE LANGE? FÜR EINEN SPAZIERGANG ÜBERS GELÄNDE INKL. BAUMKRONENPFAD UND FÜHRUNG (45-60 MINUTEN) SOLLTE MAN 3-4 STUNDEN EINPLANEN +++ WIE VIEL? EINTRITT INKL. BAUMKRONENPFAD 12 EURO. ERM. 9 EURO; FÜHRUNGEN 8-10 EURO EXTRA +++

200 GÜNSTIG

»DIE MODULE SPIELEN VERRÜCKT«

prangt als Graffiti an einer Wand. Und tatsächlich scheint auf diesem Gelände so einiges verrücktzuspielen. Vor uns breitet sich ein Wald auf einem Haus aus. Auf einem Haus, das anstelle von Fenstern nur noch dunkle Löcher hat. Das sogenannte Alpenhaus ist ein mächtiger Riegel, mehrere Stockwerke hoch, und der Wald obenauf ebenso. Und wir selbst, auch wir sind janz weit oben, wandeln in luftiger Höhe auf einem Wipfelweg über Baumkronen hinweg. Wenn der Baum einen in der Krone hat, dann hier! Die Sonne steht bereits schräg hinter uns. Und wir sehen auf dem blank liegenden Mauerwerk des Alpenhauses die Schatten unserer Köpfe übers Geländer ragen. Es ist ein seltsamer Ort, an dem wir uns befinden. Einst gehörte er zu den größten Sanatorien der Welt. Heute ist er ein viel besuchter Lost Place.

»BEIM HUSTEN haben die Menschen Blut gespuckt. Daher waren die Wände überall gefliest«, bekamen wir kurz zuvor bei unserer Führung durch die Chirurgie erklärt. Heute sind viele Fliesen abgeschlagen. In den Sanitärräumen sahen wir herausgerissene Kloschüsseln, im OP-Saal Kabel von der Decke baumeln, in einem Medizinschrank mit zerbrochenen Scheiben noch ein paar Apothekerflaschen stehen. Bei unserer Führung erfuhren wir viel über die Zeit und das Elend, als die Schwindsucht noch grassierte. Hervorgerufen durch den Tuberkulose-Bazillus, dessen Entdecker kein anderer als Robert Koch war. Die Schwindsucht schlug vor allem in Städten zu. Und da traf sie besonders die Arbeiter. Um 1900 war die Weiße Pest in Berlin die häufigste Todesursache, der Schaden für Industrie und Reich enorm. So baute man Heilstätten für Lungenkranke. In Beelitz entstand ein 200 Hektar großes Areal mit 60 Gebäuden. Die Chirurgie war der Trakt für die Schwerstkranken. Als man schließlich ein Antibiotikum gegen Tuberkulose hatte, war der Zweite Weltkrieg im Gange. Nach dem Krieg wurde aus der Chirurgie ein sowjetisches Militärhospital. Dann folgten Leerstand und Vandalismus.

IM ALPENHAUS steht unsere nächste Führung an. Hier waren die Frauen untergebracht. Dreizehn Wochen war der Regelaufenthalt, Aufpäppeln mit 3.500 Kalorien am Tag die Devise. Das Essen war von einer Qualität, die sich damals nur wenige Berliner leisten konnten. Es gab zweimal am Tag Fleisch, dazu literweise Milch. Laktoseintolerante erhielten stattdessen Bier (!) mit verquirltem Ei. Ansonsten war Alkohol tabu, Rauchen hingegen erlaubt.

Um das Haus erstreckte sich ein Landschaftspark. Darin gab es Liegehallen – sechs bis sieben Stunden Frischluft wurden pro Tag verordnet. Zur Bespaßung spielte die Kapelle *Halbe Lunge* auf. Insgesamt kümmerten sich 600 Beschäftigte um etwa 1.200 Pfleglinge und um die Einhaltung der Hygienevorschriften. Heute achtet das Personal darauf, dass man beim Betreten des Alpenhauses einen Helm aufsetzt. Schließlich könnte sich ja was von der Decke lösen. Ausnahmen gibt's nur bei Filmdrehs. Das *Rammstein*-Video zu *Mein Herz brennt* entstand zum Beispiel hier. Auch darin spielen die Module verrückt.

WENN MAN SCHON MAL **HIER IST**:

Das historische Zentrum des Spargelstädtchens Beelitz ☐→ mit seinen Backstein- und Fachwerkhäusern gruppiert sich rund um die **Kirche St. Marien und St. Nikolai**, die in ihren Ursprüngen bis ins 13. Jahrhundert zurückreicht. Von dort ist es nur ein Katzensprung zu den beiden Museen, dem **Spargelmuseum** und dem **Museum in der Alten Posthalterei**. Im Frühjahr nicht verpassen: ein Spargelessen in einem der Spargelhöfe rund um Beelitz (siehe S. 231)!

AUF DEM MISSISSIPPI BRANDENBURGS

RUSTIKALER OVERNIGHT-FLOSSTRIP RUND UM DIE INSEL POTSDAM

SÜDWESTEN UND WESTEN-->

POTSDAM ✗

+++ S T E C K B R I E F +++
WO? START UND ENDE BEIM FLOSSVERLEIHER HUCKLEBERRYS. SCHIFFBAUERGASSE 9, 14467 POTSDAM +++ VON BERLIN HBF. FÄHRT DIE S7 DIREKT NACH POTSDAM (DAUER ETWA 35 MINUTEN). VON DA NOCH ETWA 2 KILOMETER ZU FUSS ODER MIT DEN ÖFFIS +++ WANN? AM SCHÖNSTEN BEI SOMMERWETTER (ABER ACHTUNG: AN WOCHENENDEN WIRD'S VOLL AUF DEM WASSER!) +++ WWW.HUCKLEBERRYS-TOUR.DE (ES GIBT NOCH ANDERE VERLEIHER, Z. B. DIKI-TOURS.DE) +++ WIE LANGE? CA. 24 STUNDEN. REINE FAHRTZEIT 9 STUNDEN +++ WICHTIG! MOSKITOSPRAY! +++ WIE VIEL? FÜR MAX. 3 PERSONEN (ODER 2 ERWACHSENE UND 2 KINDER) AB CA. 250 EURO +++

UNSER FLOSS HEISST JUDITH. *Judith Loftus* genau genommen. Der Name passt. In Mark Twains Roman *Die Abenteuer des Huckleberry Finn* wird Judith Loftus als feinfühlige Frau beschrieben. Und auch unser geschmeidig durchs Wasser pflügendes Holzhüttchen ist von der eher sanften Sorte. Gleitet gemächlich über die Wogen und spendet Schatten. Mehr als zehn Kilometer pro Stunde sind nicht drin, schließlich ist das Fahren des Floßes führerscheinfrei.

Gerade haben wir die Leinen losgemacht. Das Briefing war kurz. Anker, Taue, Pinne und Motor waren schnell erklärt. Falsch machen kann man wenig. Unsere Route soll von Potsdam um die sogenannte Insel Potsdam führen. Dieses von Wasser umrahmte Dreieck wollen wir abtuckern, auf der Havel, ihren Seen und Kanälen. Lästige Schleusen? Nüscht. Von Mittag bis Mittag haben wir Zeit. Kaiserwetter ist angesagt.

WIR FREUEN UNS WIE EIN SCHNITZEL

auf diese Fahrt ins Blaue. Nur die Porta Potti, die Nottoilette, macht uns wenig an. Doch egal. Adventure is the new luxury.

Das Zentrum Potsdams lassen wir schnell hinter uns. Der Sommerhimmel wölbt sich über grün bewaldete Ufer. Wir unterqueren Brücken, passieren die Engstelle bei Caputh. Grüßen andere Hobby-Kapitäne. Nicht aber die nervenden Poser in ihren schnell vorbeijagenden Motorbooten. Sie lassen unsere Judith schaukeln. Schwipp, schwapp. Im Schwielowsee werfen wir Anker, schwimmen eine Runde und packen unser Picknick aus: Weißbrot, Thunfisch, Tarama, Gurke. Wir kauen und schauen. Eine Holzterrasse direkt auf dem Wasser, das hat schon was.

Unsere meditative Reise geht weiter. Das Wasser ist mal glatt, mal knittrig wie ein Seidentuch in Delfter Blau oder durchwebt von grünen Algen. Die Havel wechselt häufig ihre Farbe. Hinter dem Dorf Phöben wird sie wieder so schmal, wie es sich für einen Fluss gehört. Eine First-Class-Idylle tut sich auf. Aus dem Schilf zirpt, quakt und tschilpt es. Wer hier übernachten will, sucht sich am besten schon am Nachmittag ein schönes Plätzchen. Wir aber halten noch ein wenig die Pinne in der Hand.

IM ABENDSONNENGOLD FAHREN WIR in den Schlänitzsee ein. Hier beschließen wir die Nacht zu verbringen. Noch vorm Sundowner bauen wir Judith zu einem schwimmenden Bett um, rollen unsere Isomatten über den hölzernen Bänken aus. Während wir unsere Flasche Rotwein genüsslich leeren, verändert sich der Himmel im Sekundentakt. Der lange Junitag verglüht mit einem Sonnenuntergang, der direkt ins Gefühlszentrum haut. Erst als die letzten pinkfarbenen Streifen über dem See verschwinden, wickeln wir uns in die Schlafsäcke, umhüllt vom elektrisierenden, fast tropischen Sound der Insekten.

Am nächsten Morgen spiegeln sich unsere Gesichter beim Zähneputzen im Wasser. Ein neugieriger Schwan guckt zu. Wir ziehen den Anker hoch und setzen unsere Fahrt auf dem Sacrow-Paretzer Kanal fort. Wir passieren schicke Villen, den Neuen Garten, hinter der Glienicker Brücke das Schloss Babelsberg. Und kommen schließlich mit Judiths Rat an Huck »Halte dich immer an den Strom!« und mit Sommerglück in den Gesichtern zur Floßstation zurück.

WENN MAN SCHON MAL **HIER** IST:

Start und Ende dieser Tour ist die **Schiffbauergasse**, die jedoch, anders als ihr Name suggeriert, keine Gasse, sondern einen 12 Hektar großen Kulturstandort in herrlicher Lage am Tiefen See bezeichnet. Im 19. Jahrhundert vornehmlich militärisch genutzt, befinden sich hier heute das architektonisch spannende **Hans Otto Theater** □→, mehrere Konzert- und Partylocations sowie das **museum FLUXUS+**, das sich der Fluxus-Bewegung widmet (schiffbauergasse.de).

GAUMENSEX AUF PREUSSISCH

EIN ABEND IM STERNELOKAL KOCHZIMMER IN POTSDAM

SÜDWESTEN UND WESTEN-->

POTSDAM ✗

+ + + **STECKBRIEF** + + + **WO?** AM NEUEN MARKT 10, 14467 POTSDAM +++ VON BERLIN HBF. FÄHRT DIE S7 DIREKT NACH POTSDAM (DAUER ETWA 35 MINUTEN); VON DA NOCH ETWA 900 METER ZU FUSS +++ **WANN?** MITTWOCH BIS SAMSTAG AB 18 UHR +++ RESTAURANT-KOCHZIMMER.DE +++ **WIE LANGE?** 2-3 STUNDEN +++ **WIE VIEL?** 5 GÄNGE 115 EURO, 6 GÄNGE 135 EURO, 7 GÄNGE 155 EURO ZZGL. GETRÄNKE +++

»NIMM DIR ESSEN MIT, wir fahren nach Brandenburg«, sang Rainald Grebe. Der Song ist zwar schon etwas älter, aber zeitlos. Lokale gibt es auf dem Brandenburger Land bis heute nur wenige. Küchenschluss um 19 Uhr – keine Seltenheit. Die Speisekarten kennt man irgendwann, ohne reinzugucken: Matjes, Schnitzel, Sülze, dazu Bratkartoffeln. Und beim Abräumen die Frage »Satt jeworden?« statt »Hat's jeschmeckt?«.

Zum Glück aber haben mancherorts auch Lokale mit neuen, kreativen Konzepten eröffnet. Wo auf beste Produkte Wert gelegt wird, gerne regional oder saisonal. Wo der Gast König und keine Last ist. Dazu gehört das Kochzimmer in Potsdam. Ein Michelinstern. Vor der Tür Barock, drinnen schlichte Eleganz, orangerote Stühle vor silbergrauen Wänden. Heute aber ist ein Draußen-Tag. Wir setzen uns in den efeuüberrankten Hof und freuen uns auf das, was kommt.

ZUNÄCHST KOMMT PATRON Jörg Frankenhäuser höchstpersönlich an unseren Tisch, ein freundlicher Mann in den Vierzigern. Seine Aperitiv-Empfehlung: ein Gelber Muskateller, pétillant naturel. Was für ein Auftakt, was für ein perlendes Glück gleich zu Beginn dieses kulinarischen Abenteuers! Während wir den Wein genüsslich in uns hineingluckern, lassen wir die Blicke unauffällig schweifen. An den neun Tischen sitzt eine bunte Mischung. Pärchen, die sich mal was gönnen wollen. Pärchen, die Genuss gewohnt sind. Business-Publikum. Und Omi und Opi, so niedlich wie unbeholfen, die wohl den Gutschein vom Geburtstag einlösen.

Bevor unsere eigentlichen Gänge in die Gänge kommen, grüßt die Küche gleich zweimal. Die kalte Suppe aus Wassermelone und Tomaten vom »Bauern Tietze« passt wunderbar zu diesem Juliabend. Und im Anschluss prickelt ein verrückter Räucherschaum in unserem Mund. Doch nun wird's ernst: Unsere ausgewählten Gänge stehen an. Begleitet werden sie von einem Fläschchen Scheurebe von einer Qualität, die Kurt Tucholsky zu seinem schönsten Zitat anregte: »Schade, dass man Wein nicht streicheln kann.«

DIE GERICHTE GLEICHEN KUNSTWERKEN.

In den Soßen könnte man baden, allen voran in jener, in der das Beelitzer Landhuhn samt Pfifferlingen und Portulakblättchen sitzt. Mehr Hühnchenbukett geht nicht! Auf demselben Teller liegt ein frikasseegefülltes Teigbällchen, das sich mit der Zunge zerdrücken lässt. Gaumensex! So geht es Gang um Gang. Der junge Kohlrabi in der Nussbutter ist eine wahre Wuchtbrumme. Der Kabeljau wird von Büsumer Krabben und Borretsch begleitet, ebenfalls ein zu Essen gewordener Wahnsinn. *Purple Paula* nennt sich ein Mohrrübengang mit Gewürzrosine. Ein paar Teller später kommt ein Käse, dessen Namen wir erst einmal googeln müssen. Dann Herzkirschen-Sorbet. Das Grande Finale: Pralinchen, gefüllt mit einem Stoff, aus dem unsere Träume sein werden in dieser Nacht.

Auf dem Weg zum Bahnhof denken wir nicht mehr an Rainald Grebe, sondern an Ulrich Tukur. »Ich gehe in ein Wirtshaus wie in einen Theaterabend«, sagte er mal in einem Interview. Das Kochzimmer bietet Galavorstellungen. Hauptdarstellerin: die Haute Cuisine.

WENN MAN SCHON MAL **HIER** IST:

Wer nach diesem kulinarischen Superlativ noch Lust auf einen gepflegten Absacker hat, spaziert zur **Unscheinbar** ☐→ in der nahen Friedrich-Ebert-Straße 118 (unscheinbar-potsdam.de). Gut gemixte Cocktails, regelmäßig legen DJs auf. In der **Unscheinbar** können Sie übrigens nicht nur absacken, sondern auch versacken, denn längere Öffnungszeiten hat kaum eine andere Bar in der Stadt!

ABJEHOBEN

MIT DEM SEGELFLIEGER ÜBER BRANDENBURG AN DER HAVEL

SÜDWESTEN UND WESTEN-->

BRANDENBURG AN DER HAVEL

+ + + **S T E C K B R I E F** + + +
WO? FLIEGERKLUB BRANDENBURG, MÖTZOWER LANDSTR. 120, 14776 BRANDENBURG +++ VON BERLIN HBF. MIT DER RE1 NACH BRANDENBURG. DANN MIT DER TRAM 6 BIS NEUSTÄDTISCHER MARKT UND WEITER MIT BUS F/562 BIS SEGELFLUGPLATZ; FAHRT INSGESAMT CA. 80 MINUTEN +++ **WANN?** NACH ABSPRACHE, VON MAI BIS OKTOBER MEIST SAMSTAG UND SONNTAG +++ FLIEGERKLUB-BRANDENBURG.DE +++ **WIE LANGE?** AUCH WENN DER FLUG NUR 15 BIS 30 MINUTEN DAUERT, SOLLTE MAN EINEN HALBEN NACHMITTAG EINRECHNEN, DA MAN ZUWEILEN ETWAS WARTEN MUSS (KEINE FESTEN ABFLUGZEITEN) +++ **WIE VIEL?** 15 MINUTEN 20 EURO, 30 MINUTEN 40 EURO +++

DER BRANDENBURGER FLIEGERKLUB mischt in der Bundesliga mit, stand auf der Internetseite. Aktuell: fünfter Tabellenplatz. Hey, dachte ich, wer Bundesliga fliegt, muss verdammt gute Piloten im Team haben. Jetzt rumple ich über ein Stoppelfeld zum Startpunkt und frage mich: Sieht so ein Bundesliga-Flugplatz aus?

Ich parke neben einem alten schwarzen Golf, von dem man nicht glaubt, dass er noch anspringt. In großen roten Lettern steht »Feuerwehr« darauf. Ich spaziere auf einen Kleintransporter zu, der ein wenig aussieht wie die bimmelnd-fahrenden Eisdielen aus meiner Kindheit. Rot-weiß gestrichen, mit rot-weißer Markise. Das Dach ist aufgeschnitten, der verbeulte Panamahut des Flugleiters lugt heraus. Über der Fahrerkabine eine wacklige Antenne. Ich höre Rauschen und Funksprüche. Das ist also der Tower.

ÜBERS ROLLFELD – die Betonung liegt auf »Feld« – kommt ein betagter Suzuki angeholpert. Wie die Follow-me-Fahrzeuge auf den großen Flughäfen ist er an den Seiten schwarz-gelb lackiert. Die Heckklappe steht offen, im Schlepptau ein Segelflieger. Ein Zweisitzer. Er wird in Position gebracht. Ich taste den Rumpf mit den Augen ab. Halte nach Dellen Ausschau. Alles super. Der Flieger glänzt wie eine nagelneue Segeljacht. Es ist der Segelflieger, mit dem auch ich abheben werde. Doch ich muss mich noch gedulden. Vor mir sind andere am Start. Es werden die Hauben geöffnet. Fallschirme angelegt. Pilot und Passagier steigen in die Kabine, der eine leichtfüßig, der andere unsicher. Die Hauben werden zugezogen. Aus dem Eisdielen-Tower höre ich Fetzen des Funkverkehrs: »Startklar!« »Seil anziehen!« Und kurz darauf jagt die Maschine über die Grasnarbe. Zehn, fünfzehn Meter vielleicht, nicht mehr. Dann zieht sie steil nach oben, auf 300 bis 400 Höhenmeter in wenigen Sekunden. Und schon klinkt das Seil aus und geht mit einem kleinen Fallschirm zu Boden. Das sieht aus, als hätte jemand eine Qualle am Himmel geangelt. An einem Himmel, in dem gerade ein Segelflieger verschwindet.

MEINE PILOTIN HEISST INES. »Im Flugzeug duzt man sich«, hat sie gesagt. Nachdem Ines das Startwindeseil hatte ausklinken lassen, sackten wir kurz ab – Magensalto! Jetzt schrauben wir uns nach oben. Der Höhenmesser gibt bereits 500 Meter an. Der rechte Flügel zeigt zu Boden, der linke ins weite Blau. Das Variometer piepst leise, ansonsten hört man nur noch den Wind. Ines strahlt eine Lässigkeit aus, die sich auf mich überträgt.

Unter uns eine Landschaft wie aus dem Bilderbuch. Glitzernde Seen mit Inselchen und Flüsse mit Booten darauf. Ich sehe den mächtigen Dom von Brandenburg an der Havel. Die roten Dächer der Altstadt. Den Strand des Beetzsees. Den Plauer See und den Breitlingsee in der Ferne. Theoretisch könnten wir uns über Felder, Wälder und Seen bis zum Gollenberg bei Stölln (siehe S. 36) tragen lassen. Luftlinie sind es etwa 40 Kilometer. Der Gollenberg gilt als die Wiege des Segelfluges. Otto Lilienthal unternahm dort seine Flugversuche. Auch der Flugsportverein Stölln nimmt Gäste mit. Ob die ebenfalls Bundesliga fliegen?

WENN MAN SCHON MAL **HIER** IST:

Brandenburg an der Havel ⬜→ sollte man sich unbedingt auch einmal ebenerdig anschauen. So viele sich durch die Stadt schlängelnde Wasserwege gibt es hier, dass man gerne schon mal die Orientierung verliert. Macht nichts! Zum mächtigen **Dom** auf einer von Wasser umflossenen Insel findet man immer. Und wer sich fragt, was es mit den bronzenen Waldmöpsen allerorts auf sich hat, sollte an den bekanntesten Sohn der Stadt Vicco von Bülow alias Loriot denken: »Ein Leben ohne Mops ist möglich, aber sinnlos.«

BUFFALO DÖBERITZ

STREIFZUG DURCH DIE DÖBERITZER HEIDE

SÜDWESTEN
UND WESTEN-->

FAHRLAND

+++ **STECKBRIEF** +++
WO? WESTLICH VON BERLIN ZWISCHEN DEN ORTEN WUSTERMARK, STAAKEN UND FAHRLAND +++ VON BERLIN HBF. MIT DER RE4 BIS ELSTAL UND VON DORT WEITER MIT BUS 668 BIS ELSTAL ERLEBNISDORF; ANFAHRT CA. 50 MINUTEN. NÄHER AM AUSSICHTSTURM AUF DEM FINKENBERG LIEGT DER ZUGANG SPECKBRÜCKE BEI FAHRLAND (NUR SELBSTFAHRERN ZU EMPFEHLEN) +++ **WANN?** BIS AUF DIE KERNZONE STETS ZUGÄNGLICH +++ SIELMANN-STIFTUNG.DE UND DOEBERITZERHEIDE.DE +++ **WIE LANGE?** TOUREN UNTERSCHIEDLICHSTER LÄNGE SIND MÖGLICH +++ **WICHTIG!** WEGEN MUNITIONSRESTEN UNBEDINGT AUF DEN WEGEN BLEIBEN! +++ **WIE VIEL?** KOSTENLOS +++

KOSTENLOS, FAMILIENFREUNDLICH

ÜBER UNS ZIEHT EIN FLIEGER HINWEG, lässt nur einen Kondensstreifen zurück. Unter uns rascheln Blätter im Wind. Schimpfen Sperlinge. Hämmert ein Specht. Und ein Vogel, den wir nicht kennen, macht ein schnarrendes Geräusch. Der Blick von da oben über die Baumkronen hinweg in die Ferne hat etwas Befreiendes. Am Horizont entdecken wir die Kuppel des Berliner Fernsehturms. Nur nach unten darf man nicht blicken. Nach unten auf das sandige Terrain des Falkenbergs, auf dem sich der Aussichtsturm wie ein Korkenzieher in den Himmel schraubt. Denn dann merkt man, wie sich die Aussichtsplattform im Wind wiegt, wie alles schwankt. Dann wird einem ganz anders. Dann will man wieder runter. Dann sind die Wildbüffel und Wildpferde vergessen, die man gehofft hatte, von da oben zu sehen, in der Kernzone der Döberitzer Heide.

BEVOR DIE DÖBERITZER HEIDE als Naturschutzgebiet ausgewiesen wurde, schrieb sie vor allem als Truppenübungsplatz Geschichte. Die militärische Nutzung begann bereits unter dem Soldatenkönig. Dessen Sohn Friedrich der Große studierte hier Schlachten mit über 40.000 Mann ein. Und unter Kaiser Wilhelm II. übten in der Heide Truppen in Tropenuniformen, wie man Aufstände in den Kolonien niederschlägt. Göring ließ Piloten über der Heide trainieren, die später mit der Legion Condor im Spanischen Bürgerkrieg mordeten. Und die Sowjets stationierten in der Döberitzer Heide unter anderem Infanterie-, Flug-, Raketen- und Aufklärungsbataillone. Die hiesigen Panzereinheiten nahmen an der Niederschlagung der Aufstände in Ungarn und Tschechien teil. Für die Soldaten entstand eine eigene Welt mit Wohnstätten, Schulen, Kaufhäusern, sozialen und kulturellen Einrichtungen. 1992 zog die Rote Armee ab. Seit 1997 ist die Döberitzer Heide Naturschutzgebiet. Mit Altlasten: In weiten Teilen ist das Areal nicht von Kampfmitteln befreit. Allein bei der Beräumung der Wanderwege wurden mehrere Tonnen Munitionsschrott zutage gefördert, darunter über 1.000 Granaten.

VOM PARKPLATZ IN ELSTAL bis zum Aussichtsturm waren wir drei Stunden unterwegs – auf sandigem Terrain, das ist teils mühselig. Nochmals drei Stunden Wegstrecke liegen vor uns, um die große Runde um die Wildniskernzone abzuschließen. Die Kernzone umfasst etwa die Hälfte der 3.600 Hektar großen Naturlandschaft. Sie ist umzäunt, ihr Betreten verboten. Mit Glück kann man darin Przewalski-Pferde grasen sehen. Oder Wisente, wie sie sich an Eichen schubbern. Vielleicht auch einen Rothirsch, der hinter einem Ginsterbusch hervorlugt.

Drum herum, in der Naturerlebnisringzone, sieht man mit Garantie Tiere, allerdings in Gehegen: Wasserbüffel, portugiesische Sorraias, niederländische Koniks, Heidschnucken. Hier und dort sehen wir auch alte Baracken, Bunker und Schuttberge – das Erbe der vorherigen Nutzung. Und darüber zuweilen Adler kreisen. Oder anderes Gefieder. Piepen, Zwitschern, Krähen, Keckern ist der Soundtrack dieser Tour. Irgendwann machen wir hier mal eine Vogelstimmenwanderung. Die nämlich werden in der Döberitzer Heide auch angeboten.

WENN MAN SCHON MAL HIER IST:
Von der Döberitzer Heide ist man schnell in Sacrow. Dort blickt die **Sacrower Heilandskirche** ⇨, das wohl schönstgelegene Gotteshaus rund um Potsdam, auf den Jungfernsee. An einem Sommertag unter den Arkaden des Persius-Baus aus dem 19. Jahrhundert zu sitzen und aufs Wasser zu schauen – ein Traum. Das allerdings war nicht immer möglich: Bis 1989 verliefen die Sperranlagen der DDR direkt an der Kirche vorbei, der Campanile war ein Teil der Mauer.

WENN MAN SCHON MAL IM SÜDWESTEN UND WESTEN BRANDENBURGS IST

+++ SEHEN +++
+++ ESSEN +++
+++ AUSSPANNEN +++
+++ SHOPPEN +++
+++ SCHLAFEN +++

++++++++++++++ SEHEN ++++++++++++

POTSDAM

Potsdam ist eine eigene Reise wert. Ein kleiner Überblick: Park Sanssouci mit all seinen Schlössern, die einstige Spielwiese der preußischen Royals, ist der Publikumsmagnet. Davor oder danach sollte man noch durchs pittoreske Holländische Viertel schlendern und sich die ehemalige russische Kolonie Alexandrowka anschauen. Ein Muss ist zudem der Alte Markt mit dem rekonstruierten Palais Barberini (ein großartiges Kunstmuseum), der Nikolaikirche und dem wieder aufgebauten Stadtschloss. Weitere sehenswerte Parks sind Park Babelsberg (siehe S. 199) und der Neue Garten nördlich der Altstadt. Einen guten Überblick bekommt man bei einer Schlösserrundfahrt mit dem Schiff, aber auch vom Aussichtsschlösschen Belvedere auf dem Pfingstberg.

+++ 14467-14482 POTSDAM +++ POTSDAMTOURISMUS.DE +++

← WERDER (HAVEL)

Lage, Lage, Lage: Das schöne Städtchen Werder wird von Obstbaumplantagen und Wasser umarmt. Sein historisches Zentrum hat es sich auf einer schilfgesäumten Insel in der Havel gemütlich gemacht. Dort ist es überaus beschaulich: stille Pflastergassen mit schmiedeeisernen Laternen, ein baumbestandener Marktplatz, eine neogotische Backsteinkirche. Besichtigen kann man das charmante Obstbaummuseum und, gleich gegenüber, eine historische Bockwindmühle.

+++ 14542 WERDER (HAVEL) +++ WERDER-HAVEL.DE +++

ZISTERZIENSERKLOSTER LEHNIN

Die Klosteranlage Lehnin wurde 1180 inmitten eines unwirtlichen Sumpfgebiets gegründet. Seine mächtige Klosterkirche zählt zu den wichtigsten romanisch-gotischen Backsteinbauten Brandenburgs. Heute ist in den romantisch im Grünen gelegenen Gebäuden unter anderem das Luise-Henrietten-Stift untergebracht, eine diakonische Einrichtung. Entsprechend beschäftigt sich das Museum auf dem Areal nicht nur mit der Geschichte des Klosters, sondern auch mit dem Thema der christlichen Nächstenliebe.

+++ KLOSTERKIRCHPLATZ 4 +++ 14797 KLOSTER LEHNIN OT LEHNIN +++ KLOSTERLEHNIN.DE +++ EINTRITT MUSEUM 3 EURO. ERM. 2 EURO +++

PETZOW

»Das Ganze ein Landschaftsbild im großen Stil – nicht von relativer Schönheit, sondern absolut.« So beschrieb Theodor Fontane den Ausblick vom Kirchturm von Petzow auf die Seenlandschaft drum herum. Und in der Tat: Wow! Außer seiner schönen Schinkelkirche besitzt Petzow auch ein Schloss, das aber leider nur die Bewohner der luxussanierten Apartments darin von innen sehen dürfen. Jedem offen steht hingegen der Sanddorn-Garten Petzow, wo Biosanddorn angebaut wird. Angeschlossen sind ein Laden und ein Restaurant (sanddorn-garten-petzow.de).

+++ 14542 WERDER (HAVEL) OT PETZOW +++ PETZOW-ONLINE.DE +++

CAPUTH

Unser Lieblingsort im Potsdamer Umland, herrlich von drei Seen umgeben. Kein Sommer vergeht, ohne dass wir einmal Forelle auf der nostalgischen Veranda des Fährhauses Caputh gegessen haben (faehrhaus-caputh.de). Auch Albert Einstein gefiel der kleine Ausflugsort. Sein einstiges Ferienhaus, heute Einsteinhaus genannt, ist als Museum zu besichtigen (einsteinsommerhaus.de). Am Templiner See steht das hiesige Schloss, in dem sich Friedrich I. zu entspannen pflegte (spsg.de). Den Fliesensaal zieren 7.500 handbemalte Fayencen.

+++ 14548 CAPUTH +++ SCHWIELOWSEE-TOURISMUS.DE +++

ESSEN

ALTE ÜBERFAHRT

Elegant-gediegenes Gourmetlokal direkt an der Havel in Werder. Regional beeinflusste Gerichte wie »Schweinebauch / Zwerggurke / Rettich / Bronzefenchel«. Sternewürdig. Drei-Gänge-Menü ca. 60 Euro.

+++ FISCHERSTR. 48B. 14542 WERDER (HAVEL) +++ ALTE-UEBERFAHRT.DE +++ 03327/7313336 +++ MI-FR 18-22 UHR. SA/SO 12-15 UHR UND 18-22 UHR +++

BRAUMANUFAKTUR FORSTHAUS TEMPLIN

Traditionsreiches, rustikales Ausflugslokal mit großem Biergarten. Heute wird hier enorm leckeres Biobier gebraut, dazu gibt's Wildgulasch oder Matjes.

+++ TEMPLINER STR. 102. 14473 POTSDAM +++ BRAUMANUFAKTUR.DE +++ 033209/217979 +++ MI-SO 11-21 UHR +++

REGIONALES & SPEZIALITÄTEN

Hübscher Feinkostladen im Zentrum von Beelitz. Im Fokus Spezialitäten aus dem Fleisch der Langohren: Kaninchenbratwurst, Kaninchenleberwurst und, und, und. Dazu andere regionale Leckereien und Mittagstisch.

+++ BERLINER STR. 200. 14547 BEELITZ +++ KANINCHEN-SCHMIDT.DE +++ 033204/438858 +++ DI-FR 9-17 UHR. SA 9-12 UHR +++

CAFÉ GUAM

In diesem kleinen Café im Holländischen Viertel von Potsdam gibt es ausschließlich Käsekuchen aus der eigenen Konditorei, meist um die zehn Sorten. Guilty Pleasure vom Feinsten.

+++ MITTELSTR. 39. 14467 POTSDAM +++ CAFE-GUAM.DE +++ 033204/438858 +++ TÄGL. 11-19 UHR +++

AUSSPANNEN

GROSSER SEDDINER SEE
Der motorbootfreie Klarwassersee bietet schöne Strände mit Muschelsand. Der größte ist der in Kähnsdorf.
+++ 14554 GROSSER SEDDINER SEE. OT KÄHNSDORF +++

⇧▢ STRANDBAD CAPUTH
Das wohl stylishste Strandbad rund um Potsdam liegt am Schwielowsee. Strand mit lässigen Kissen, Topfpalmen, Holzliegen unter strohgedeckten Schirmen, Beachcafé und Cocktailbar. Viel Urlaubsatmo!
+++ WEG ZUM SEEBAD 1. 14548 SCHWIELOWSEE OT CAPUTH +++ SEEBAD-CAPUTH.DE +++ MITTE MAI BIS SEPT. TÄGL. AB 10 UHR +++

SHOPPEN

SCHULTZ'ENS SIEDLERHOF
Hier gibt's nicht nur Obst (auch als Wein) und Gemüse von den eigenen Feldern, sondern auch Schnäpse aus der eigenen Destillerie, darunter den Whisky *Glina*.
+++ KARL-LIEBKNECHT-STR. 17A. 14542 WERDER (HAVEL) +++ GLINA-DESTILLERIE.DE +++ TÄGL. 10-18 UHR +++

FISCHERHOF SEDDIN

Eine urige und freundliche Angelegenheit. Direkt am Großen Seddiner See werden Forellen, Saiblinge und Lachse geräuchert. Auch Frischfisch im Angebot.

+++ FISCHERGASSE 1, 14554 SEDDINER SEE +++ FLAEMINGFORELLE.DE +++ MO-DO 12-16 UHR, FR 9-18 UHR, SA 9-12 UHR +++

++++++++++++ SCHLAFEN ++++++++++++

SCHLOSS KARTZOW

Ein noch recht junges Schloss aus dem frühen 20. Jahrhundert, 15 Kilometer nördlich von Potsdam im Grünen. Hier kann man nicht nur Hochzeit feiern (Standesamt im Haus), sondern auch gediegen übernachten (stilvolle Zimmer, ohne überstylt zu sein). Im Restaurant wird brandenburgisch-mediterrane Küche serviert. DZ ca. 170 Euro mit Frühstück.

+++ KARTZOWER DORFSTR. 16, 14476 POTSDAM +++ SCHLOSS-KARTZOW.DE +++ 033208/23230 +++

CAMPINGPARK SANSSOUCI

Ca. 5,5 Kilometer südwestlich des Zentrums von Potsdam. Hier gibt es nix zu meckern: Der große Platz mit altem Baumbestand liegt wunderschön am Templiner See und ist ausgesprochen komfortabel. Das hat leider auch seinen Preis: 2 Personen mit Wohnmobil ab 42 Euro.

+++ AN DER PIRSCHHEIDE 41, 14471 POTSDAM +++ CAMPING-POTSDAM.DE +++ 0331/9510988 +++

8
RUND UMS JAHR IN BRANDENBURG

+++ FRÜHLING +++
+++ SOMMER +++
+++ HERBST +++
+++ WINTER +++

FRÜHLING

BAUMBLÜTENFEST WERDER

Werder ist berühmt für seine Obstweine, gemeinhin auch »Bretterknaller« genannt, da sie ihre Trinker schneller auf die Bretter befördern, als ihnen lieb ist – stets zu erleben beim Baumblütenfest in der Woche um den 1. Mai. Das Kollektivbesäufnis geht vor allem in der Altstadt ab. Sehr schön sitzt man hingegen in den idyllischen privaten Obstgärten auf der Friedrichshöhe nordwestlich der Inselstadt. Dort gibt es zu Bio-Obstwein selbst gebackene Kuchen und leckere Snacks. Die Zukunft des größten Volksfestes in den neuen Ländern (rund eine halbe Million Besucher) ist aber ungewiss. Der Grund: Sicherheitsbedenken.

+++ 14542 WERDER (HAVEL) +++ ZUM FEST BIETET DIE WEISSE FLOTTE SONDERFAHRTEN PER SCHIFF VON POTSDAM AN +++

HAVELLÄNDISCHE MUSIKFESTSPIELE

Im Rahmen der Havelländischen Musikfestspiele finden von April bis Dezember Konzerte in Schlössern, Burgen und Herrenhäusern statt, im Havelland genauso wie im Landkreis Potsdam-Mittelmark. Im Sommer oft unter freiem Himmel. Das Programm reicht von Klassik bis Swing.

+++ HAVELLAENDISCHE-MUSIKFESTSPIELE.DE +++

MAMMUTMARSCH

100 Kilometer in maximal 24 Stunden: Was die einen nicht mal mit dem Rad zurücklegen würden, laufen andere zu Fuß, und zwar nicht nur Extremsportler. Von Berlin geht es raus nach Brandenburg. Tausende machen mit, rund ein Drittel schafft die Strecke. Meist Ende Mai.

+++ MAMMUTMARSCH.DE +++

SPARGELESSEN

Für gewöhnlich wird in und um Beelitz im April der erste Spargel gestochen – wann genau, hängt vom Wetter ab. Der letzte Spargel, und das ist gewiss, wird vorm Johannistag herausgeholt. In der Spargelsaison laden diverse Spargelhöfe zum Spargelessen – unser Tipp ist der Jakobs-Hof Schäpe. Am ersten Juniwochenende feiert Beelitz sein Spargelfest mit Umzug, Spargelpyramide und Spargelkönigin. Und wenn man schon mal da ist, kann man in Beelitz auch in das Museum gehen, das sich dem Edelgemüse widmet (siehe S. 203).

+++ BEELITZ.DE +++ JAKOBS-SPARGEL.DE +++

SOMMER

BRANDENBURGISCHE SOMMERKONZERTE

Konzerte aller Art an tollen Orten: in Feldsteinkirchen, in Schlössern, Parkanlagen, Landgütern und selbst im Bahnaushilfswerk in Eberswalde.

+++ BRANDENBURGISCHE-SOMMERKONZERTE.ORG +++

BRANDENBURGER LANDPARTIE

So nennt sich der Tag der offenen Tür bei rund 200 landwirtschaftlichen Betrieben in Brandenburg. Die Brandenburger Landpartie findet stets am zweiten Juniwochenende statt und gibt nicht nur Einblicke in die traditionelle und moderne Landwirtschaft, sondern wird vielerorts auch von Hoffesten und kleinen Märkten begleitet.

+++ BRANDENBURGER-LANDPARTIE.DE +++

LAUSITZER SEENLAND 100

Ein Juliwochenende im Zeichen des Sports. Läufer, Walker, Skater und Rennradfahrer – alle sind am Start. Diverse Wettbewerbe zwischen 400 Metern Länge und einer Marathondistanz.

+++ 01983 GROSSRÄSCHEN +++ SEENLAND100.DE +++

THEATERSOMMER NETZEBAND

Synchrontheater im Gutspark, inmitten der Natur also. Gemacht von Profis und von Laien. Mit Inszenierungen, die in fantastische Welten greifen. Der Klassiker ist Dylan Thomas' *Unter dem Milchwald*.

+++ DORFSTR. 48, 16818 TEMNITZQUELL +++ NETZEBAND-KULTUR.DE +++

POTSDAMER SCHLÖSSERNACHT UND POTSDAMER MUSIKFESTSPIELE

Für die Potsdamer Schlössernacht verwandelt sich der Park Sanssouci an zwei Abenden im August in eine illuminierte Wunderkammer – mit einem bunten Potpourri an Musik, Lesungen, akrobatischen Performances und vielem mehr. Am selben Ort gehen auch die Musikfestspiele über die Bühne. Neben klassischen Konzerten bietet dieses Event zudem musikalische Spaziergänge, Kunst und Kinderoper.

+++ ZUR HISTORISCHEN MÜHLE 1, 14469 POTSDAM +++ POTSDAMER-SCHLOESSERNACHT.DE +++ MUSIKFESTSPIELE-POTSDAM.DE +++

WILDE MÖHRE

Vier Tage kollektiver Ausnahmezustand beim unkommerziellen *Rave der Sinne* an einem der erst in jüngerer Zeit gefluteten Seen der Niederlausitz. Rund 5.000 Besucher kommen hier alljährlich im August zusammen. Es gibt ordentlich was auf die Ohren (auch handgemachte Musik), dazu Vorträge, Theater und Kleinkunst. Zwischendurch geht man baden.

+++ GÖRITZ 5. 03116 DREBKAU +++ WILDEMOEHRE FESTIVAL.DE +++

ROHKUNSTBAU

Die Rohkunstbau-Ausstellungen bringen Arbeiten international renommierter Künstler mit denen junger Brandenburger zusammen. Diese Ausstellungen zeitgenössischer Kunst finden alljährlich in vergessenen Kulturstätten Brandenburgs statt. 2021 war zum Beispiel Schloss Lieberose an der Reihe.

+++ ROHKUNSTBAU.NET +++

KAMMEROPER SCHLOSS RHEINSBERG

Im Musenhof im historischen Ambiente des Rheinsberger Schlosses findet alljährlich von Juni bis August ein Sommerfestival mit Opern- und Galaabenden statt, bei denen junge Sänger im Mittelpunkt stehen.

+++ SCHLOSS RHEINSBERG 2. 16831 RHEINSBERG +++ KAMMEROPER-SCHLOSS-RHEINSBERG.DE +++

CHORINER MUSIKSOMMER ⬚→

Bereits seit 1964 finden in der großartigen Kirchenruine des Klosters Chorin in den Sommermonaten Konzerte statt. Musik des 17. bis 19. Jahrhunderts steht im Vordergrund. Absolut lohnenswert. Mehr zum Kloster siehe S. 82.

+++ AMT CHORIN 11A. 16230 CHORIN +++ CHORINER-MUSIKSOMMER.DE +++

OPEN ART LAUSITZ

Kunstfestival an vier Wochenenden im August in vier verschiedenen Landkreisen an den unterschiedlichsten Orten: auf Wiesen, in Kirchen, Scheunen oder Ateliers. Von skurrilen Raum- und Lichtinstallationen bis zu bizarrer Klangkunst und Performances ist alles dabei.

+++ OPEN-ART-LAUSITZ.DE +++

BEBERSEE FESTIVAL

Viertägiges Kammermusikfestival in der Schorfheide. Genau genommen in Groß Dölln in einem Flugzeughangar, in dem einst sowjetische Kampfjets standen. Für gewöhnlich im Juli.

+++ ZUM FLUGPLATZ, 17268 TEMPLIN +++ BEBERSEE.DE +++

+++++++++++++  +++++++++++++

TAG DES OFFENEN DENKMALS

Stets am zweiten Sonntag im September öffnen Häuser und Institutionen ihre Türen, die sonst der Öffentlichkeit verschlossen bleiben. Wer Glück hat, kann so auch in die eine oder andere Villa unseres Babelsberg-Spaziergangs spitzen (siehe S. 196). Aber auch Gutshäuser, Schlösser, Kirchen und Industriedenkmäler in ganz Brandenburg nehmen teil. Immer spannend und absolut empfehlenswert.

+++ TAG-DES-OFFENEN-DENKMALS.DE +++

PILZE SUCHEN

Wer sich auskennt, kann in den Wäldern rund um Berlin im Spätsommer und Herbst verdammt viele Pilze finden. Wer sich nicht auskennt, dem empfehlen wir die Pilzwoche des NABU-Naturerlebniszentrums Blumberger Mühle, die stets im Oktober stattfindet. Dann nämlich gibt es auch eine Pilzexkursion.

+++ BLUMBERGER MÜHLE 2, 16278 ANGERMÜNDE +++ BLUMBERGER-MUEHLE.NABU.DE +++

WANNSEE IN FLAMMEN

Großer Schiffsreigen unterm Feuerwerk. Die Korsofahrt der Fahrgastschiffe der Berliner und Potsdamer Reedereien findet meist Mitte September statt. Je nach Schiff mit Dinnermusik, Rockmusik oder Schlagerparty.

+++ ABLEGESTELLE IN POTSDAM AN DER LANGEN BRÜCKE +++ SCHIFFAHRT-IN-POTSDAM.DE +++

++++++++++++ **WINTER** ++++++++++++

WEIHNACHTSBAUM SELBER SCHLAGEN

Warum den Weihnachtsbaum aus dem Bauzaunverschlag hinter der Tankstelle holen? Warum nicht mit den Kindern dahin fahren, wo die Bäume wachsen, und selber einen schlagen? Bio-Tannen und -Fichten kann man zum Beispiel nahe dem Mellensee bei Wünsdorf fällen.

+++ WEIHNACHTSBAUM-SELBST-SCHLAGEN.DE +++ MEHR ADRESSEN UND TIPPS ZUM THEMA AUF FORST.BRANDENBURG.DE +++